Jürgen Plogmann

Lechweg

mit Lechschleifen

17 Etappen und Rundtouren

ROTHER
BERGVERLAG

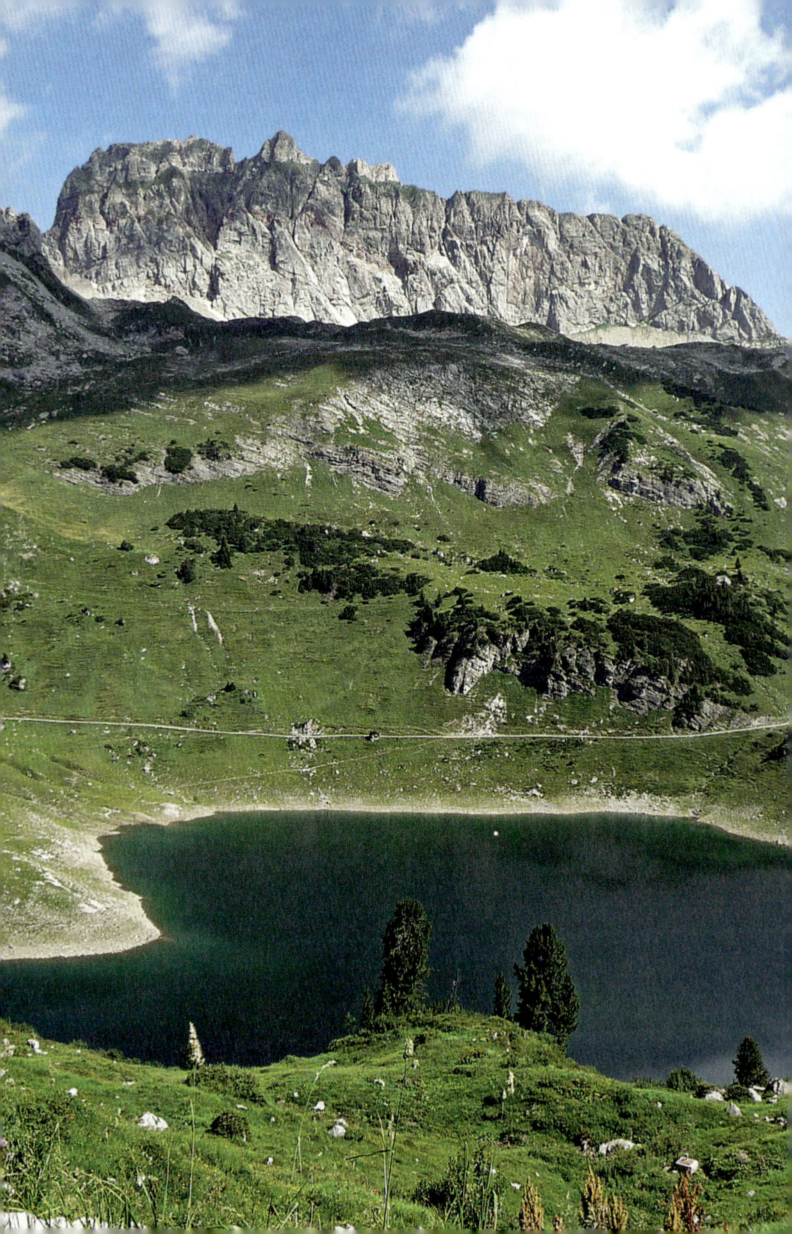

Vorwort

Der Lechweg, der erste europäische Qualitätsweitwanderweg, führt seit 2012 länderübergreifend von Österreich nach Deutschland, von der Quelle in Vorarlberg durch Tirol in das Allgäu. Begleitet von den türkisblauen Wassern des Lechs, der als einer der letzten Wildflüsse der Alpen gilt, nehmen Wanderer 125 Kilometer »unter die Sohlen«. Die Route startet am Formarinsee im Lechquellengebirge auf fast 1900 Metern und endet am Lechfall in Füssen auf 800 Meter Höhe im Voralpenland. Die Wegführung ist so konzipiert, dass der Weg für Mittelgebirgswanderer geeignet ist.

Die Qualitätseinstufung garantiert sowohl ein abwechslungsreiches Landschaftserleben als auch eine angemessene touristische Infrastruktur am Weg. Beschilderung und Markierung machen Verlaufen fast unmöglich.

Der Lechweg wird in diesem Wanderführer um die ihn begleitenden acht Lechschleifen ergänzt. Diese führen teilweise ein »Eigenleben«, indem sie andere Landschaften erschließen, wie das Siedlungsgebiet der Walser in Vorarlberg, oder herausragende kulturelle Kristallisationspunkte, wie die Burgenwelt Ehrenberg bei Reutte und die Königsschlösser von Hohenschwangau. Andere Schleifen bieten sich abschnittweise als Alternativen zum Lechweg an. Wanderer können sich entscheiden, ob sie dem Weg durch die Flussaue oder entlang der Talhänge folgen.

Dieser Wanderführer leitet Wanderer sicher über die Wege, damit sie ihre Wanderung entspannt und genussreich erleben können. Dafür sorgen die präzisen Wegbeschreibungen mit Gehzeiten, die beigegebenen Karten und Höhenprofile sowie alle notwendigen Informationen über Verkehrsverbindungen, Einkehr- und Übernachtungsmöglichkeiten und Sehenswürdigkeiten, ergänzt um besondere Tipps, die als Schlechtwetteralternativen dienen können.

Trotz aller Sorgfalt sind Fehler nicht auszuschließen. Auch die Wanderwelt im Lechtal unterliegt ständigen und vielfältigen Veränderungen. Der Autor ist für jeden an den Verlag gerichteten Hinweis darauf dankbar.

Neustadt an der Weinstraße, im Frühjahr 2023 — Dr. Jürgen Plogmann

Formarinsee und Rote Wand.

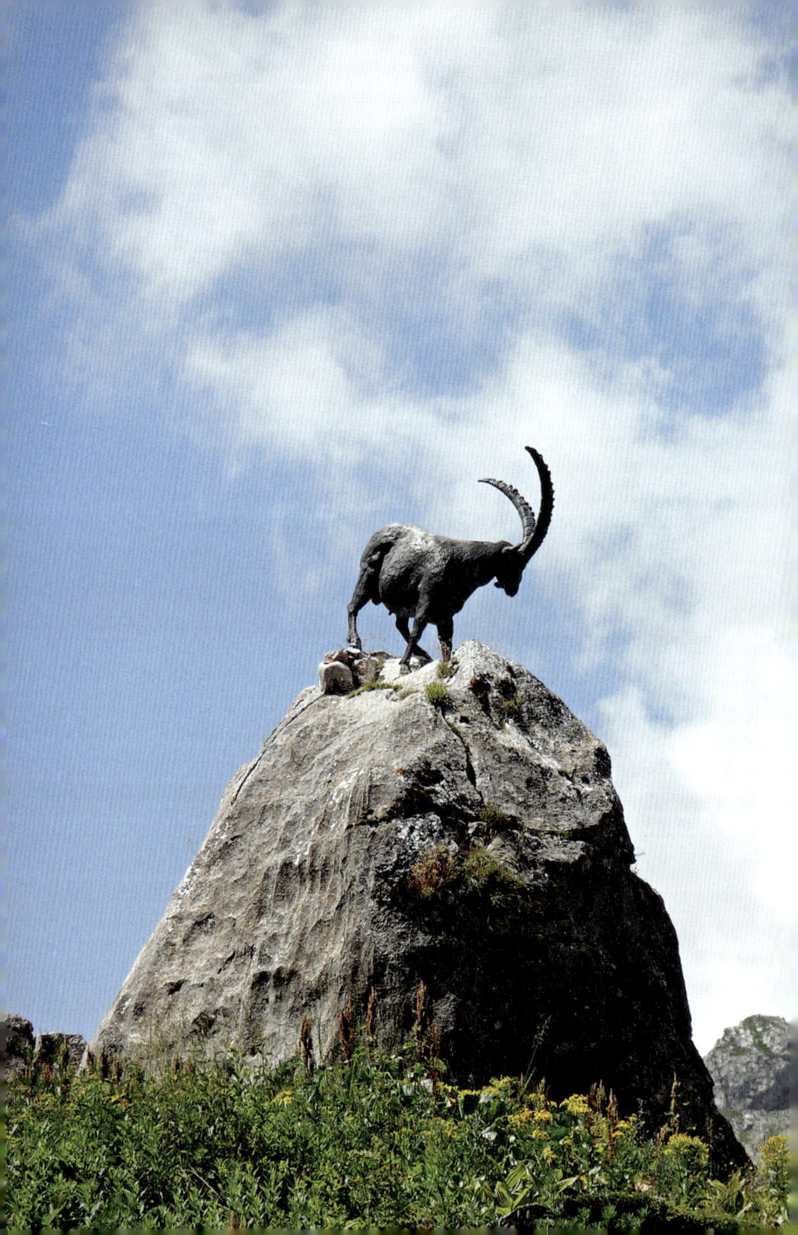

Inhaltsverzeichnis

Abkürzungen

L	Lechweg	HR	Hotel-Restaurant
LS	Lechschleife	ÖPNV	Öffentlicher Personennahverkehr
		WW	Wegweiser

Steinbockdenkmal am Beginn des Lechwegs.

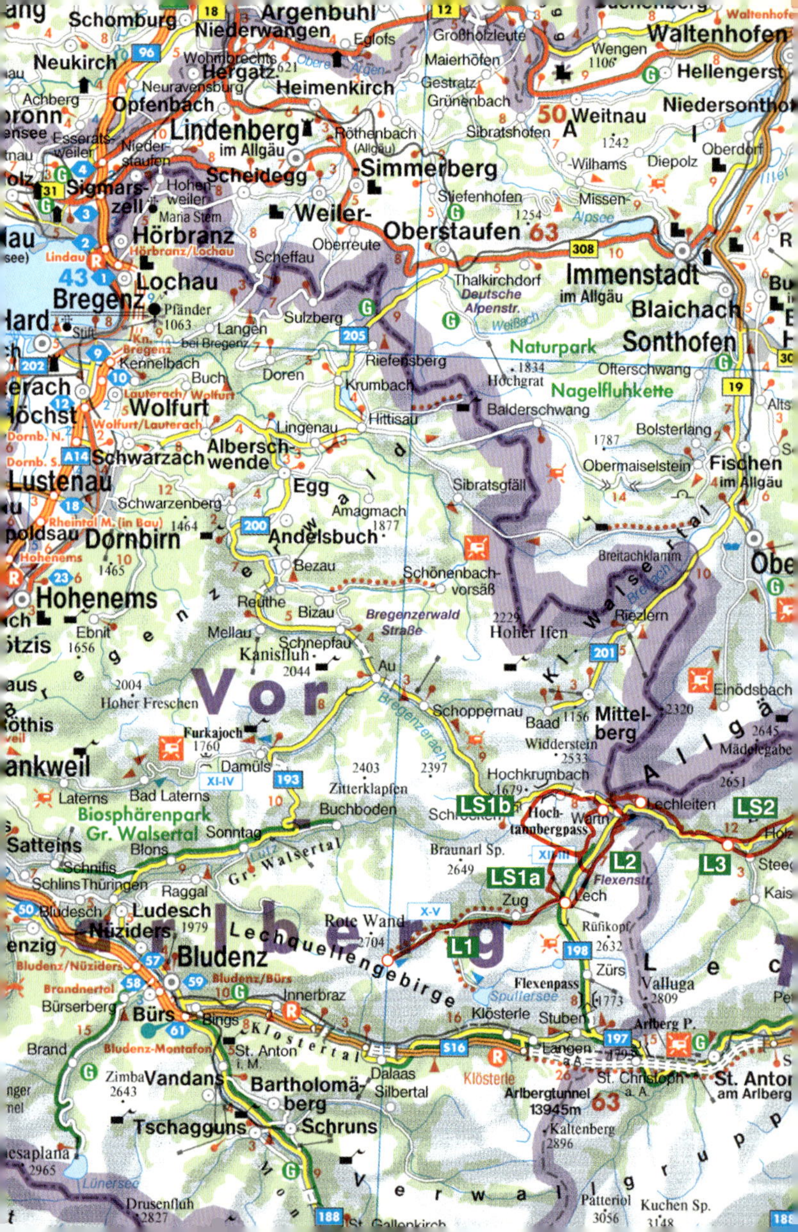

Schomburg
Argenbühl
Niederwangen
Eglofs
Großholzleute
Waltenhofen
Wengen
1106
Neukirch
Wohmbrechts
Hergatz
Maierhöfen
Hellengerst
Achberg
Neuravensburg
Heimenkirch
Gestratz
Grünenbach
Niedersonthofen
Opfenbach
Weitnau
Esseratsweiler
Niederstaufen
Lindenberg im Allgäu
Röthenbach (Allgäu)
Sibratshofen
1242
Oberdorf
Wilhams
Diepolz
Sigmarszell
Hohenweiler
Scheidegg
Simmerberg
Stiefenhofen
Missen-
Alpsee
Maria Stern
Weiler-
Oberstaufen
1254
Hörbranz
Oberreute
Lindau
Hörbranz/Lochau
Scheffau
Lochau
Immenstadt im Allgäu
Thalkirchdorf
Deutsche Alpenstr.
Bregenz
Pfänder
1063
Sulzberg
Blaichach
Hard
Stift
Langen bei Bregenz
Weißach
Sonthofen
Naturpark
Nagelfluhkette
Bregenz
Kennelbach
Riefensberg
1834
Hochgrat
Ofterschwang
Lauterach
Buch
Doren
Krumbach
Höchst
Lauterach/Wolfurt
Wolfurt
Balderschwang
Wolfurt/Lauterach
Lingenau
Hittisau
Bolsterlang
Dornb. N.
1787
Dornb. S.
Schwarzach
Alberschwende
Obermaiselstein
Fischen im Allgäu
Lustenau
Egg
Sibratsgfäll
Schwarzenberg
Amagmach
1877
Rheintal M. (in Bau)
1464
Dornbirn
Andelsbuch
Hohenems
Bezau
1465
Breitachklamm
Schönenbach-vorsäß
Hohenems
Breitach
Reuthe
Bizau
Bregenzerwald Straße
Riezlern
Ebnit
1656
Mellau
Schnepfau
2229
Hoher Ifen
Kl. Walsertal
Kanisfluh
2044
Au
Vor
Einödsbach
2004
Hoher Freschen
Bregenzerach
Schoppernau
Baad
1156
Mittelberg
2320
Furkajoch
1760
Widderstein
2533
2645
Mädelegabe
Rankweil
Damüls
2403
2397
Hochkrumbach
1679
2651
XI-IV
Zitterklapfen
Laterns
Bad Laterns
Buchboden
Schröcken
Hochtannbergpass
Warth
Lechleiten
Biosphärenpark Gr. Walsertal
Sonntag
Satteins
Blons
Braunarl Sp.
2649
Lutz
Gr. Walsertal
Flexenstr.
Schnifis
Schlins
Thüringen
Raggal
Zug
Lech
Ludesch
Bludesch
Rote Wand
2704
X-V
Rüfikopf
2632
Nüziders
1979
Lechquellengebirge
Zürs
Bludenz
Bludenz/Nüziders
Bludenz/Bürs
Valluga
2809
Brandnertal
Innerbraz
Spullersee
Flexenpass
1773
Bürserberg
Bürs
Bings
Klostertal
Klösterle
Stuben
Arlberg P.
Brand
Bludenz-Montafon
St. Anton i. M.
Langen a. A.
St. Christoph a. A.
St. Anton am Arlberg
Zimba
2643
Vandans
Bartholomäberg
Dalaas
Silbertal
Klösterle
Arlbergtunnel
13945m
Kaltenberg
2896
Tschagguns
Schruns
Lünersee
Drusenfluh
2827
Verwallgruppe
Patteriol
3056
Kuchen Sp.
3148
St. Gallenkirch
Montafon

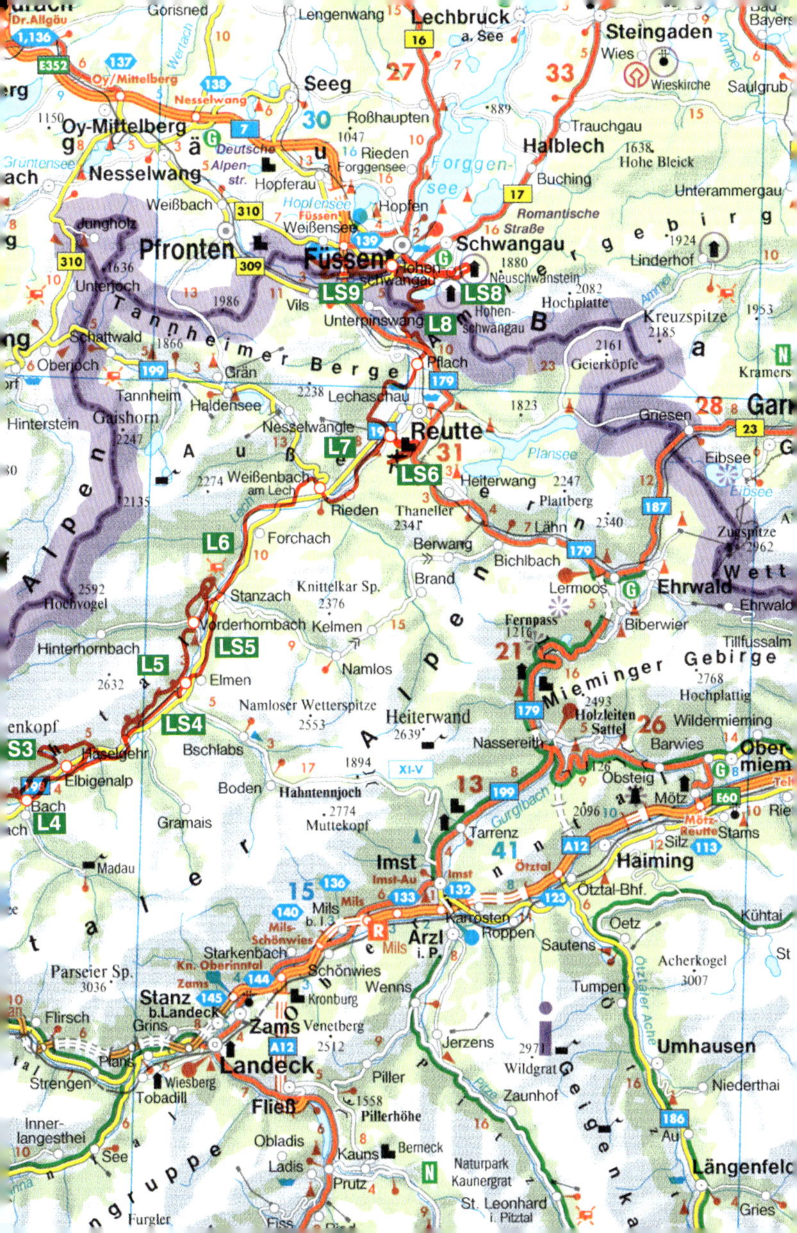

Lechbruck a. See
Steingaden
Wies
Wieskirche
Saulgrub
Seeg
Roßhaupten
Trauchgau
Oy-Mittelberg
Nesselwang
Halblech
Hohe Bleick
Rieden a. Forggensee
Forggensee
Buching
Hopferau
Deutsche Alpenstr.
Unterammergau
Romantische Straße
Weißbach
Hopfensee
Hopfen
Weißensee
Füssen
Schwangau
Neuschwanstein
Linderhof
Jungholz
Pfronten
Hohenschwangau
Hochplatte
Unterjoch
Vils
Unterpinswang
Kreuzspitze
Tannheimer Berge
Schattwald
Pflach
Geierköpfe
Oberjoch
Grän
Tannheim
Haldensee
Lechaschau
Hinterstein
Gaishorn
Nesselwängle
Reutte
Griesen
Plansee
Eibsee
Weißenbach am Lech
Heiterwang
Plattberg
Rieden
Thaneller
Lähn
Zugspitze
Forchach
Berwang
Bichlbach
Brand
Lermoos
Ehrwald
Stanzach
Knittelkar Sp.
Hochvogel
Vorderhornbach
Kelmen
Fernpass
Biberwier
Hinterhornbach
Namlos
Mieminger Gebirge
Elmen
Hochplattig
Namloser Wetterspitze
Heiterwand
Holzleiten Sattel
Wildermieming
Bschlabs
Nassereith
Barwies
Häselgehr
Elbigenalp
Boden
Hahntennjoch
Obsteig
Mötz
Bach
Gramais
Muttekopf
Tarrenz
Stams
Silz
Haiming
Madau
Imst
Ötztal-Bhf.
Mils
Karrösten
Roppen
Arzl i. P.
Oetz
Kühtai
Starkenbach
Sautens
Parseier Sp.
Acherkogel
Schönwies
Wenns
Tumpen
Stanz b. Landeck
Kronburg
Flirsch
Grins
Zams
Venetberg
Umhausen
Landeck
Jerzens
Wildgrat
Strengen
Wiesberg
Tobadill
Piller
Zaunhof
Niederthai
Fließ
Pillerhöhe
Innerlangesthei
Obladis
Kauns
Berneck
See
Ladis
Naturpark Kaunergrat
Prutz
Längenfeld
St. Leonhard i. Pitztal
Gries
Furgler

Allgemeine Hinweise

Der Lechweg

Der im Jahr 2012 aus der Taufe gehobene Lechweg führt über 125 km vom Quellgebiet des Lechs am Formarinsee bis zu seinem Fall in Füssen. Er überwindet dabei von einer Ausgangshöhe von fast 1900 m bis hinab auf 800 m fast 1100 m und damit mehrere alpine Klimazonen. Wanderer folgen der Markierung weißes »L« auf schwarzem Grund. Der Nationengrenzen überschreitende Weitwanderweg ordnet sich in die Kategorie »Leading Quality Trail – Best of Europe« ein. Hiermit wird die aus Deutschland bekannte Kategorie »Wanderbares Deutschland« des Deutschen Wanderverbandes mit ihren Qualitätsanforderungen erstmals auf die europäische Ebene übertragen.

Der Lechweg ist für Mittelgebirgswanderer konzipiert, sowohl was die konditionellen als auch was die technischen Anforderungen betrifft. Über weite Strecken leitet der Lechweg durch die Au und hart am Flussufer entlang mit Blick auf die Schotterbänke. Hin und wieder wechselt der Weg in den Hang des Lechtals. Beziehen Wanderer die Lechschleifen ein, kann auf einigen Abschnitten je nach Vorliebe zwischen Tal- und Bergwegen gewählt werden. Dieser Wanderführer teilt den Lechweg in acht Etappen ein (L 1 bis L 8).

Vor Beginn der Wanderung ist zu entscheiden, wie die Wanderung ablaufen soll: Bei der **traditionellen Etappenwanderung** wird das gesamte für acht Tage benötigte Gepäck selbst getragen. Am Zielort muss eine Übernach-

Wegweiser am Lechweg.

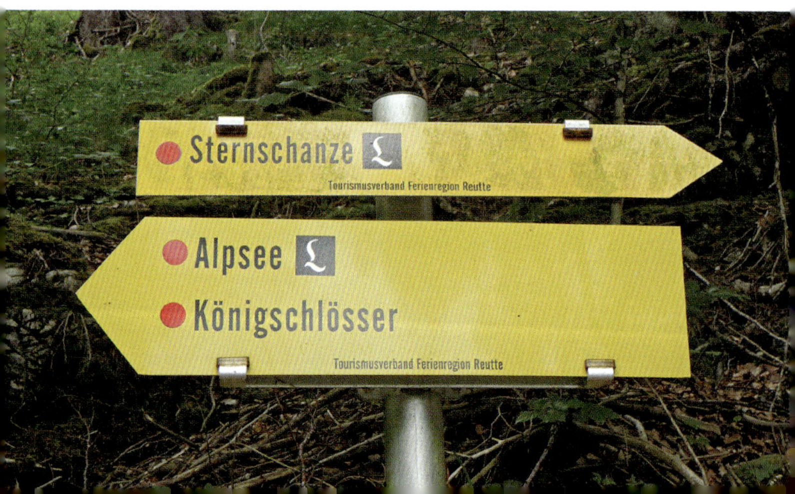

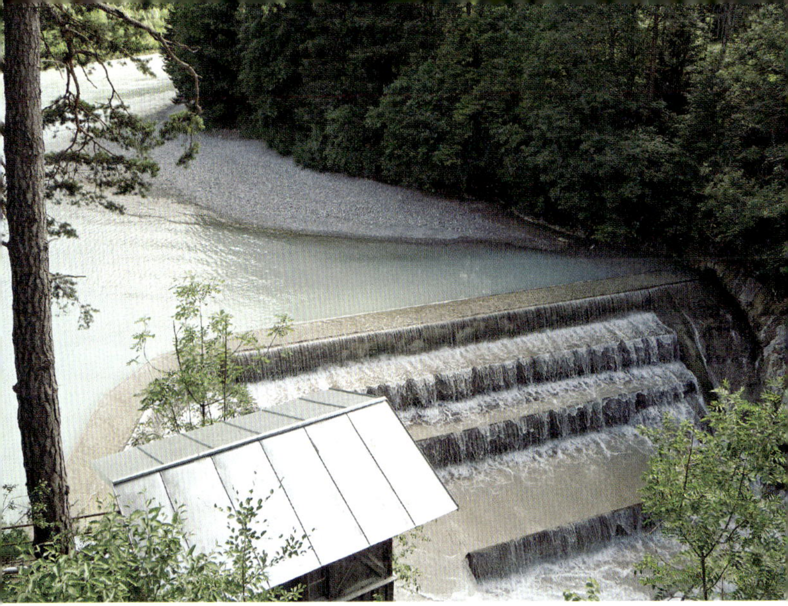

Lechfall bei Füssen.

tungsmöglichkeit verfügbar sein. Dank Wanderbus können mehrere Etappen auch von einem Standquartier erreicht werden. Gepäck von mehr als 15 kg, bei Frauen von mehr als 12 kg, kann die Wanderlust dämpfen. Ein **Gepäcktransport** kann gebucht werden über www.lechweg.com/de/service/gepaecktransport oder bei: Firma Feuerstein, A-6655 Steeg, Tel. +43 5633 5633, feuerstein-bus.at, office@feuerstein-bus.at.

Symbole

	Ort mit Einkehrmöglichkeit		Abzweig
P	Parkplatz		Brücke, Hängebrücke
	Bushaltestelle		Kirche, Kapelle, Kloster
	Seilbahn		Burg, Festung, Ruine
	Sessellift		Gipfel
	Einkehrmöglichkeit		Aussichtsturm
	Picknickplatz, Rastplatz		Wasserfall
	Aussichtspunkt		Bademöglichkeit

Angesichts der parallel geführten Buslinien kann die Etappenwanderung mit Tagesrucksack von **Standquartieren** aus gestartet werden, wobei einerseits ein nicht zu geringes Übernachtungsangebot, andererseits eine nicht zu große Straßenentfernung berücksichtigt werden sollten. Damit bieten sich als Standorte an, insbesondere wenn noch die eine oder andere Lechschleife erwandert werden soll: Lech, Holzgau, Elbigenalp, Stanzach, Höfen/Reutte, Füssen. (In Häselgehr, Vorderhornbach, Elmen, Pflach gibt es nur ein sehr schmales, in Forchach gar kein Übernachtungsangebot.)

Die Lechschleifen

Die Lechschleifen ergänzen den Lechweg. Laut den Betreibern des Weges geht der Schwierigkeitsgrad von eher leichten Wegen bis hin zu solchen mittleren Anspruchs aus. Die Lechschleifen erschließen benachbarte Landschaften, einige bieten sich als Rundwege, andere als Varianten zum Lechweg an.

Die offizielle Lechschleife 1 erschließt die Lebenswelt der Walser am Arlberg auf einer Rundtour von 22,4 km mit 7.30 Stunden Gehzeit sowie 1135 m Auf- und 882 m Abstieg. Weil dies den oben beschriebenen Schwerigkeitsgrad übersteigen dürfte, wurde die erste Lechschleife in diesem Wanderführer in die moderateren und dennoch attraktiven Rundtouren LS 1a »Rund um Lech« und LS 1b »Rund um das Karhorn« aufgelöst. Zusätzlich wird in die Schleife LS 1a eine Wanderung durch die sehenswerten Gipslöcher einbezogen, die eine geologische Rarität darstellen.

Lechschleifen-Markierung.

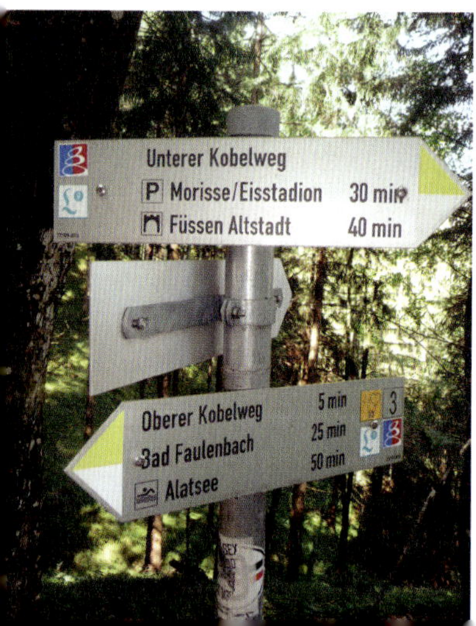

Die Lechschleifen LS 2, LS 3, LS 4 und LS 5 eignen sich streckenweise auch als Varianten zum Lechweg. So bieten die Lechschleifen LS 2 von Steeg-Prenten bis Holzgau, LS 3 von Bach nach Elbigenalp Köglen/-Grießau sowie LS 5 im Abschnitt Vorderhornbach über den lohnenswerten Baichlstein bis zur Stanzacher Lechbrücke bergige Alternativen zu den Talwanderungen der Lechwegabschnitte. Andererseits führen Teilstrecken der Lechschleifen LS 4 von Häselgehr nach Elmen und LS 5 von Elmen nach Stanzach (hier wegen der höheren Wertigkeit der Alternative Baichlstein in Gegenrichtung beschrieben) bequem durch die Lechaue anstatt über An- und Abstiege.

Der Umwelt zuliebe …

Auch beim Wandern hinterlassen wir einen ökologischen Fußabdruck, aber im Einklang mit der Natur unterwegs zu sein, ist gar nicht so schwer!

VORBEREITUNG UND ANFAHRT

- Sich vorab informieren, worauf in Bezug auf Natur und Umwelt in der jeweiligen Wanderregion besonders zu achten ist.
- Soweit möglich mit Bahn und Bus anreisen, Wander- und Rufbusse nutzen.
- Ist eine Anfahrt mit dem Auto nötig, Fahrgemeinschaften bilden.
- Bei weiten Anfahrten Mehrtagestouren planen oder von einem Quartier vor Ort aus mehrere Touren absolvieren.
- Flugreisen möglichst reduzieren und durch Beiträge zu Klimaschutzprojekten kompensieren.

KLEIDUNG UND AUSRÜSTUNG

- Beim Kauf von Outdoor-Kleidung auf umweltfreundliche und faire Herstellung achten und Kleidungsstücke möglichst viele Jahre nutzen.
- Ausrüstung kann man eventuell auch gebraucht kaufen oder ausleihen.
- Reparieren statt neu kaufen.

VERPFLEGUNG

- Beim Einkauf Bio-Ware, regionale und saisonale Erzeugnisse bevorzugen.
- Hütten und Gasthäuser auswählen, die regionale Produkte verwenden.
- Auf Einwegflaschen und Plastikverpackungen verzichten, stattdessen wiederverwendbare Trinkflaschen und Brotzeitboxen benutzen.

ÜBERNACHTUNG

- Bei lokalen Anbietern buchen, damit Menschen vor Ort profitieren.
- Auf Hütten und in anderen Unterkünften Strom und Wasser sparen.

UNTERWEGS

- Wege benutzen und Abkürzer vermeiden.
- Sperrungen von Wegen und Schutzgebieten respektieren.
- Keine Blumen pflücken und keine Pflanzen entnehmen.
- Waldbrandgefahr beachten.
- Müll wieder mit nach Hause nehmen und dort entsorgen.
- Toilettengänge in freier Natur möglichst vermeiden.
- Lärm vermeiden.
- Hunde an die Leine nehmen.

ROTHER
BERGVERLAG

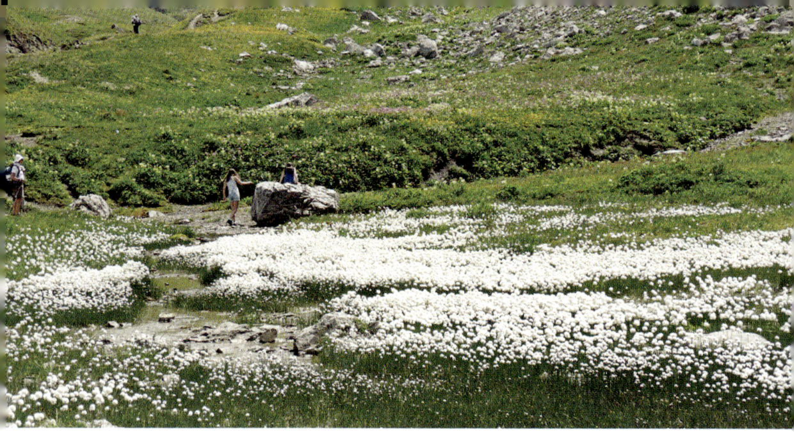

Wollgras im Hochgebirge.

Die Schleife LS 6 steigt hinauf zum geschichtsträchtigen Festungssystem Ehrenberg und zur spektakulären Hängebrücke »highline 179«. Die Schleifen LS 8 und LS 9 führen als grandioser Abschluss der Wanderung zu den bayrischen Königsschlössern und um die Alpenseen bei Füssen.
Die ursprüngliche Lechschleife LS 7 bei Reutte über den Frauensee und durch die Pflacher Au wurden von den Wegbetreibern gestrichen. Da deren Highlights ohnehin auch durch die Lechwegetappe 7 präsentiert werden, entgeht Wanderern durch den Verzicht auf diese Schleife nichts.
Die Markierung der Lechschleifen besteht aus dem stilisierten »L« des Lechwegs in grüner Farbe und der Nummer der Schleife. Die Markierungen beschränken sich im Wesentlichen auf Kreuzungen und Wegverzweigungen.

Die Höhepunkte an Lechweg und Lechschleifen

Wanderer erwarten einige Höhepunkte, die sie besonders genießen sollten:

- Die blühenden Wiesen im unteren Lechtal vor der ersten Mahd von etwa Mitte Mai bis Mitte Juni.
- Das Hochtal des Formarinbachs mit dem Formarinsee (L 1).
- Die Lechschleifen durch die von den Walsern geschaffene Almlandschaft um Lech und Warth: Gipslöcher über Oberlech, Walsersiedlung Bürstegg, idyllischer Körbersee vor der Felsgestalt des Widdersteins (LS 1a, LS 1b).
- Ausflug 1: Lech – Rüfikopfbahn – Rüfikopf – Geoweg Rüfikopf – Rauhkopfscharte – Stuttgarter Hütte (Einkehr) – Abstieg nach Zürs – Bus nach Lech (leichte Bergwanderung).
- Ausflug 2: Oberlechbahn – Gipslöcher – Gaisbühelalpe – Mohnensattel – Mohnenfluh (mit etwas Trittsicherheit Besteigung des 2542 m hohen Gipfels möglich) – Butzensee – Kriegeralpe – Oberlech.

- Das Höhenbachtal bei Holzgau mit Hängebrücke und Simms-Wasserfall (LS 2, L 4).
- Ausflug 3: Jöchelspitzbahn zur Sonnalm – Botaniklehrpfad – Bergheumuseum – Jöchelspitze – Panoramaweg – Bernhardseckhütte – Alpenrosensteig – Jöchelspitzbahn.
- Doserwasserfall (LS 4, L 5).
- Frauenschuhblüte im Mai bei Martinau (L 5, LS 5).
- Aufstieg zum Baichlstein und Blick vom Gipfel auf den Lechzopf (LS 5).
- Burgenwelt Ehrenberg mit Burgruine Ehrenberg, highline 179, Festung Schlosskopf, Ehrenberger Klause einschließlich Museum (LS 6).
- Ausflug 4: Almwanderung auf dem Hahnenkamm.
- Alpsee und die Königsschlösser Hohenschwangau und Neuschwanstein (LS 8).

Anreise

Lech hat keinen Bahnanschluss, ist aber von der **Bahnlinie** Innsbruck – Feldkirch/Bregenz (Österreichische Bundesbahn: oebb.at, Tel. +43 5 1717) mit öffentlichen Bussen zu erreichen: Vom Bahnhof Langen fährt die Buslinie 91 in ca. 20 Minuten und von St. Anton die Linie 92 über den Flexenpass nach Lech. Oder man wählt ab Bahnhof Langen einen Taxi-Transfer: Der Lecher, taxi-lech.at, info@taxi-lech.at, Tel. +43 5583 2501-0 oder Lechtaxi, lechtaxi.at, info@lechtaxi.at, Tel. +43 650 4400752. Als weitere Möglichkeit könnte vom

Einkehr an der Ehrenberger Klause (LS 6).

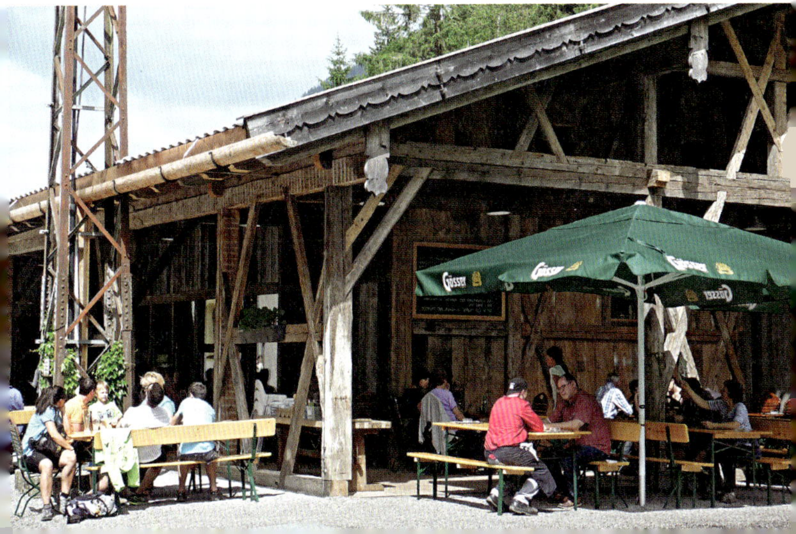

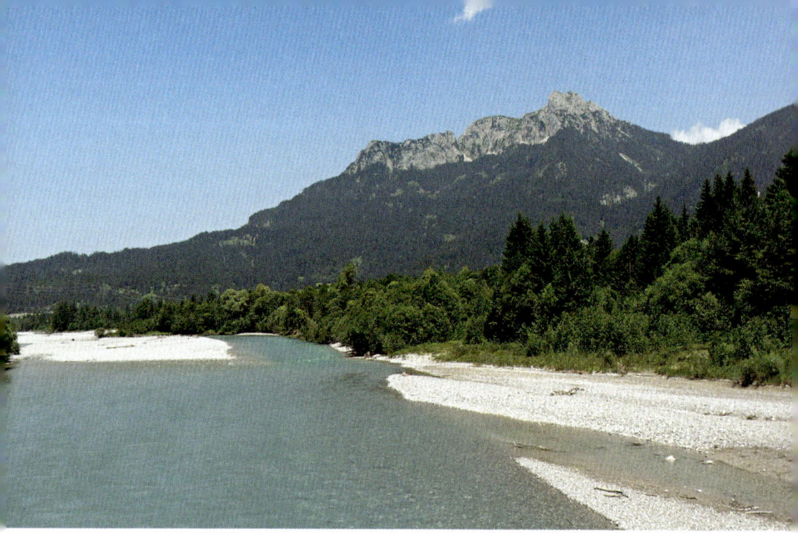

Der Lech in seinem Kiesbett unter dem markanten Säuling.

Bahnhof Daalas zu Fuß durch den Schmiedtobel in rund 3 Stunden zur 1000 m höher liegenden Freiburger Hütte und damit zum Beginn des Lechwegs aufgestiegen werden.

Mit dem **Auto** kann von Bregenz über die A14 Rheintalautobahn, die S16 durch das Klostertal und ab Klösterle über die L197 und den Flexenpass nach Lech gefahren werden. Eine Alternative dazu bietet ab Abfahrt Dornbirn-Nord der A14 die B200 quer durch den Bregenzerwald. Aus Gegenrichtung Innsbruck führen die A12, S16 und ab St. Anton die L197 und L198 nach Lech. Von Norden ist die A7 erste Wahl: durch den Grenztunnel, B179 bis Reutte-Süd und – begleitet vom Lechweg – das gesamte Lechtal aufwärts. Kostenfreies **Parken** während der Sommersaison auf dem Parkplatz Schlosskopf nahe dem Zentrum oder gegen geringe Gebühr in der Anger-Tiefgarage im Zentrum von Lech.

Nach **Füssen** gibt es von den ICE-Bahnhöfen München und Augsburg **Bahnverbindungen** über Buchloe und Marktoberdorf (Deutsche Bahn AG: bahn.de, Tel. +49 180 5996633).

Mit dem **Auto** wird Füssen von Ulm schnell über die A7 erreicht, von Augsburg über die historische Via Claudia Augusta oder – wenn die Anreise bereits ein Urlaubserlebnis sein soll – ab Würzburg gemächlich über die Romantische Straße. Von München bietet sich die Route A96 bis Buchloe, B12 bis Marktoberdorf und B16 bis Füssen an. Kostenfreies **Parken** (bis 5 Stunden) auf P2 am Eissportzentrum.

Innere Verkehrserschließung

Das Lechtal ab Reutte aufwärts wird von der B198 (in Vorarlberg L198) erschlossen (Wintersperre Dez. – März zwischen Warth und Lech). Der gesamte Lechweg wird von Buslinien begleitet. Von Lech fährt der Wanderbus zum Formarinsee nur in der Saison von etwa der zweiten Junihälfte bis Anfang Oktober ab Postamt und Rüfiplatz ab 9 Uhr stündlich. Zwischen Lech/Warth und Reutte verkehrt (in der Saison teilweise mit Fahrradanhänger) die Linie 110 – mit unterschiedlichen (!) Fahrplänen in der Vorsaison und der Lechwegsaison von der zweiten Junihälfte bis Anfang Oktober. Den grenzüberschreitenden Verkehr zwischen Reutte und Füssen bedienen die Linien 74 und 100. Der Dorfbus Lech Nr. 3 und die Postbuslinie 40a bedienen die Verbindung von Lech über Warth zum Hochtannbergpass bzw. nach Hochkrumbach. (Fahrpläne abrufbar unter www.lechweg.com/de/service/busverbindungen. Oder: Linien 40a, 100 und 110 unter ÖBB-Postbus, Servicetelefon +43 512 390390, vvt.at. Linie 74 unter Tel. +49 8362 9390505, dbregiobus-bayern.de.)

Beste Wanderzeit

Der Wanderbus von Lech zum Formarinsee fährt erst, wenn die 1. Etappe völlig gefahrlos begangen werden kann. Das ist normalerweise ab der zweiten Junihälfte der Fall. Vorher kann der Weg auf eigene Gefahr begangen werden. Solange Formarinbach und Lech noch unter Schneewechten hin-

Einsamer Pfad am Wilden Kasten.

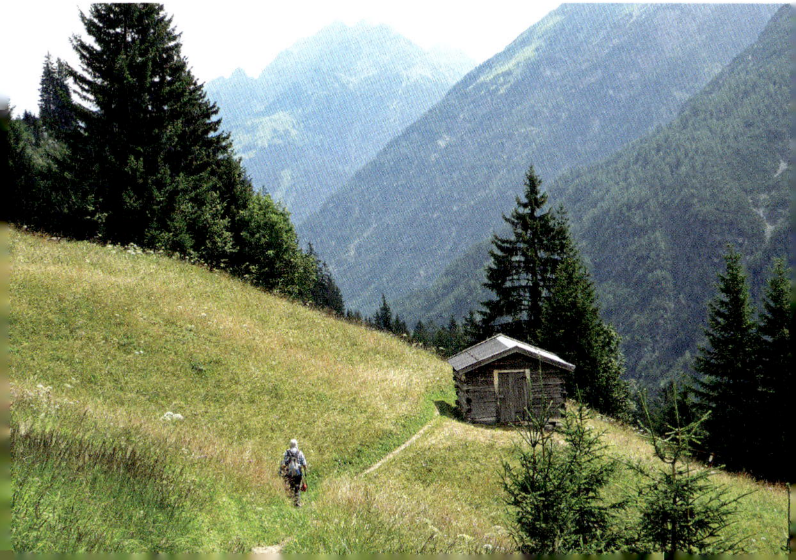

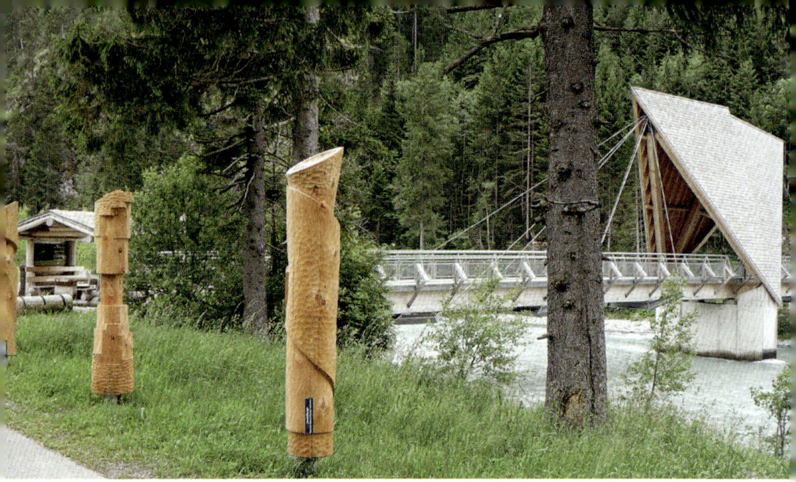

Moderne Lechbrücke bei Elbigenalp.

durchfließen, besteht für Wanderer die Gefahr des Durchbrechens durch die vom Wasser unterspülten Schneebrücken und des Ertrinkens. Auch noch im Oktober können Wanderungen sehr reizvoll sein. Es sollte aber bedacht werden, dass nach und vor der Wintersaison die touristischen und gastronomischen Leistungen »auf Sparflamme laufen«.

Der tiefer liegende Teil des Lechtals zwischen Füssen und Steeg kann bereits früher begangen werden. Der Autor empfiehlt den Mai vor der ersten Mahd, wenn die Wiesen in erster voller Blüte stehen, was – bei gutem Wetter – ein eindrückliches Erlebnis darstellt. Und die Berge entlassen die über den Winter eingefrorenen Niederschläge in die dann tosenden Bäche und Wasserfälle.

Insbesondere im Hochsommer besteht eine erhöhte Gewitterneigung. Während der Wanderung von einem Gewitter überrascht zu werden, ist kein Spaß. Da Wärmegewitter sich meist ab Mittag entwickeln, ist ein früher Start empfehlenswert. Vor Beginn der Wanderung sollte man die Wettervorhersage ansehen.

Gehrichtung

Dieser Wanderführer hat – wie die Organisatoren des Weges – sich entschieden, den Lech in seinem Lauf zu begleiten, um mitzuerleben, wie sich ein kleiner, unbedeutender Gebirgsbach allmählich in einen wilden, wasserreichen Fluss verwandelt. Auch die Landschaft wandelt sich vom rauen, felsigen Hochgebirge zu den schon fast mediterrane Leichtigkeit ausströmenden Königsschlössern über den blauen Seen des Alpenrandes. Die Sonne hat man dabei im Rücken.

Wanderkleidung und Ausrüstung

Für Wanderungen auf dem Lechweg sind knöchelhohe Wanderschuhe der Kategorie A/B, besser der Kategorie B Pflicht. (Fragen Sie Ihren Händler oder Hersteller, ob ihre Schuhe eine dünne Zwischensohle aus Schaumstoff besitzen. Falls dies der Fall sein sollte, ist der Todeszeitpunkt ihrer Schuhe fabrikmäßig vorprogrammiert: Der Schaumstoff wird sich nach einigen Jahren zersetzen und die Sohlen werden sich bei einer Wanderung innerhalb von Minuten als Ganzes lösen. Sie werden fern der Zivilisation fast barfüßig dastehen!) Lange Wanderhosen und lange Hemdsärmel schützen vor Sonnenbrand und weitgehend vor dem Befall durch im Gras und im Unterholz lebende Zecken. Bei Mehrtageswanderungen ist grundsätzlich mit Wetteränderungen zu rechnen. Wanderer sollten deshalb für jedes Wetter gewappnet sein. Auch im Hochsommer gehören Wind- und Regenjacke sowie eine leichte Fleecejacke zur Standardausrüstung. Im Frühsommer und Herbst sollten auch die Beine durch eine feste Tourenhose oder Überhose geschützt werden. Warme Kleidung bis hin zu Fleecemütze und Handschuhen ergänzen die Ausrüstung. Wer sich nach Zwiebelart kleidet, kann flexibel auf Wetteränderungen, Sonne und Wind sowie auf Anstrengungen bei Auf- oder Abstiegen reagieren. Sonnencreme, Sonnenbrille und Mütze sind obligatorisch.
Dies gilt auch für die Mitnahme von Getränken: 1 Liter, im Hochsommer 2 Liter je Etappe, sind unverzichtbar und bei Gelegenheit nachzufüllen. Man sollte sich nicht darauf verlassen, dass Gaststätten am Weg geöffnet sind (vorher anrufen, denn es gibt viele Gründe, von den Regelöffnungszeiten abzuweichen!), sondern immer Getränkereserve und Notproviant im Rucksack mitführen! Für alle Fälle sollten Pflaster, elastische Binde, persönliche Apotheke, Sicherheitsnadel und Bindfaden für Reparaturen an Kleidung und Ausrüstung

GPS-Tracks und Koordinaten der Ausgangspunkte

Auf **gps.rother.de** stehen zu diesem Wanderführer GPS-Tracks und die Koordinaten der Ausgangspunkte zum kostenlosen Download bereit. Dieser QR-Code führt direkt zum Download.
3. Auflage, Passwort: **448103gmp**
Die GPS-Tracks können in die **Rother App** importiert werden. In der App kann man unterwegs stets sehen, wo man gerade ist und wo es langgeht. **Anleitungen dazu: rother.de/gps**
Trotz sorgfältiger Prüfung können wir Fehler und zwischenzeitliche Veränderungen nicht ausschließen. Verlassen Sie sich für die Orientierung niemals einzig und allein auf die GPS-Daten, sondern beurteilen Sie die Verhältnisse vor Ort.

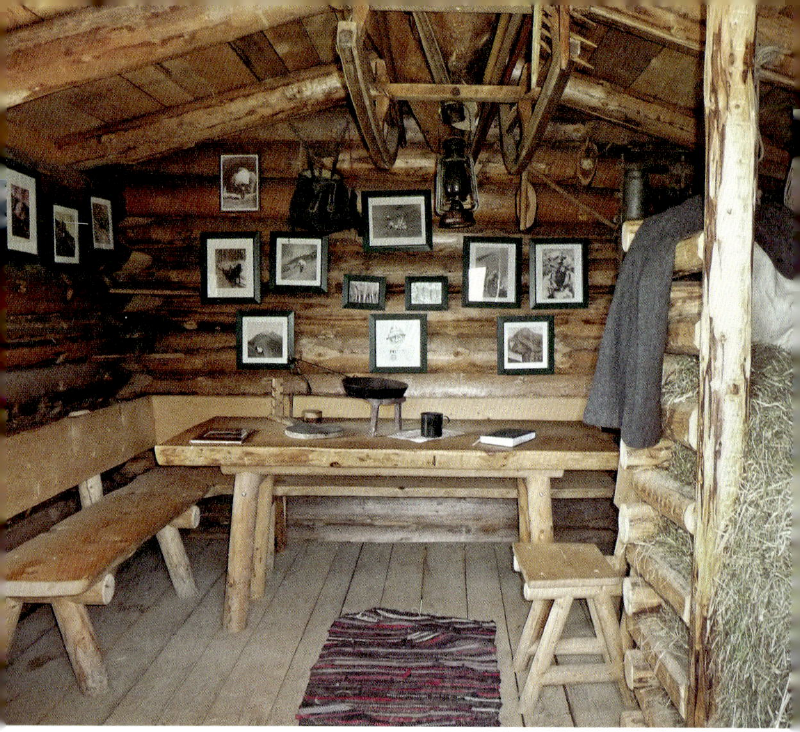

Bergheumuseum auf dem Weg zur Jöchelspitze.

sowie an den jahreszeitlich bedingten kürzeren Tagen Stirnlampe oder Taschenlampe dabei sein, die auch im Notfall in Aktion treten können. Angenehm kann ein Bergsteigerschirm sein. Wer Teleskopstöcke richtig benützt, schont seine Kniegelenke. Und selbstverständlich sollte dieser Wanderführer nicht vergessen werden!

Übernachten

Übernachtungen bieten Hotels, Gasthöfe, Gästehäuser und Pensionen mit unterschiedlichem Komfort und unterschiedlichen Preisen an. Die Informationsblöcke bzw. die gelb unterlegten Infoboxen der einzelnen Orte enthalten die Adressen der Tourist-Informationen, über die gebucht werden kann. Es werden einzelne Hotels genannt, mit denen der Autor gute Erfahrungen gemacht hat. Das bedeutet aber nicht, dass die übrigen – und das ist die ganz überwiegende Mehrheit – keine guten Leistungen erwarten lassen.

Tipps und Veranstaltungen

Am Ende eines jeden Informationsblocks der einzelnen Etappen oder in den gelben Infoboxen sind Einrichtungen genannt, die für Wanderer interessant sein können, wie z. B. Badeseen, Freizeitbäder, Museen, landschaftliche Besonderheiten u. a. Ebenso sind bedeutende, jährlich wiederkehrende Veranstaltungen in unmittelbarer Nähe zum Wanderweg aufgeführt. Aktuelles kann über die angegebenen Adressen der Touristikbüros erfragt werden. Darüber hinaus halten Tourist-Informationen und Hotels vielfältige Pauschalangebote – auch in Verbindung mit Wandern – bereit.

Tourist-Informationen

- Lechweg gesamt: lechweg.com, info@lechweg.com.
- Lech Zürs Tourismus, Dorf 2, A-6764 Lech am Arlberg, Tel. +43 5583 2161-0, lechzuers.com, info@lechzuers.com.
- Tourismus Warth-Schröcken, A-6767 Warth, Tel. +43 5583 3515-0, warth-schroecken.com, info@warth-schroecken.com.
- Lechtal Tourismus, Untergiblen 23, A-6652 Elbigenalp, Tel. +43 5634 5315, lechtal.at, info@lechtal.at.
- Tourismusverband Naturparkregion Reutte, Untermarkt 34, A-6600 Reutte, Tel. +43 5672 62336, reutte.com, info@reutte.com.
- Füssen Tourismus und Marketing, Kaiser-Maximilian-Platz 1, D-87629 Füssen, Tel. +49 8362 9385-0, fuessen.de, tourismus@fuessen.de.

Die Tourist-Informationen unterhalten Ortsstellen. Diese werden bei den einzelnen Etappen angegeben, sodass sie ggf. vor Ort aufgesucht werden können. Die Ortsstellen sind meistens nur vormittags geöffnet.

Gästekarten

Im gesamten Lechtal zwischen Lech und Füssen gibt es für Übernachtungsgäste in der Sommersaison Gästekarten. Mit Ausnahme der Unterkünfte in Lech haben die teilnehmenden Beherbergungsbetriebe die Karte bereits in ihren Übernachtungspreis eingerechnet. Inhaber einer Gästekarte kommen in den Genuss kostenfreier oder ermäßigter Dienstleistungen. Für Lechweg-Wanderer besonders interessant sind die freien Fahrten mit Bussen und Bergbahnen.

Hängebrücke über den Krumbach, der die Grenze zwischen Vorarlberg und Tirol bildet (L 2).

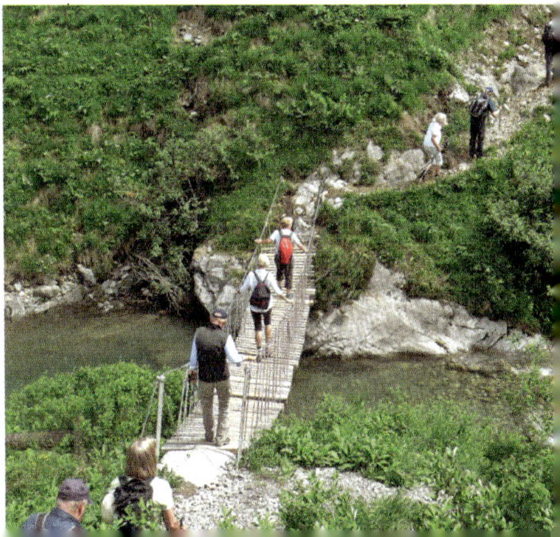

Der Lechweg verbindet fünf Tourismusregionen mit jeweils eigener Gästekarte mit unterschiedlichen Leistungen. Die Vergünstigungen gelten nur für die jeweilige Region, allerdings erkennen Nachbarregionen die Karten teilweise gegenseitig an. Die Bedingungen können sich jedes Jahr ändern! Jeweils aktuelle Informationen geben die Internetadressen (s. u.) sowie auch die Vermieter und Tourismusbüros.

- My Lech Card. Geltungsbereich Lech und Warth. Übernachtungsgäste in Lech und Warth können die Card für verschiedene Zeiträume bis 21 Tage erwerben. Sie gewährt freie Fahrt mit den Sommerbergbahnen in Lech und Warth: Rüfikopf Seilbahn, Bergbahn Lech-Oberlech, Petersbodenbahn in Lech, den Steffisalp-Express in Warth sowie die Seekopfbahn in Zürs. Die Fahrt mit den Ortsbussen in Lech einschließlich Maut in das Zuger Tal sowie Wanderbusse bis Elbigenalp und Schröcken sind frei. Dazu freie Eintritte in Schwimmbad und Museen sowie Ermäßigungen für verschiedene Aktivitäten; mylechcard.at.
- Warth Card. Die Card ist bereits im Übernachtungspreis inkludiert und ist ab einer Übernachtung in Warth für die Dauer des Aufenthaltes erhältlich. Sie berechtigt u. a. zu freien Fahrten mit dem Steffisalp-Express sowie dem Wanderbus zwischen Hochtannbergpass und Mautstelle Zug, der Buslinie 40a Lech–Warth–Schroecken sowie mit der Linie 110 zwischen Lech und Elbigenalp. Übernachtungsgäste in Warth können auch die Lech Card erwerben; warth-schroecken.at/de/sommer/warth-card.html.
- Lechtal Aktiv Card. Geltungsbereich zwischen Lechleiten und Forchach, Mitte Juni bis Ende Oktober, ab einer Übernachtung, gültig ab dem Folgetag der Ankunft bis zum Abreisetag. Freie Fahrt u. a. im Wanderbus zwi-

Holzsteg über dem Spullerbach, der aus dem Spullersee fließt (L 1).

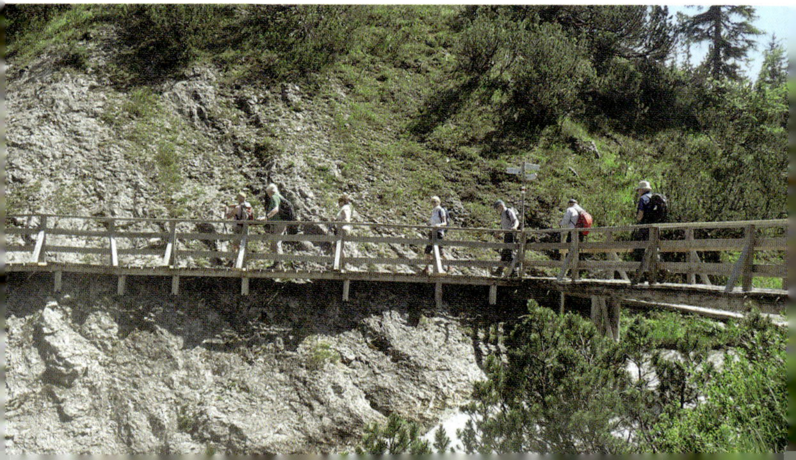

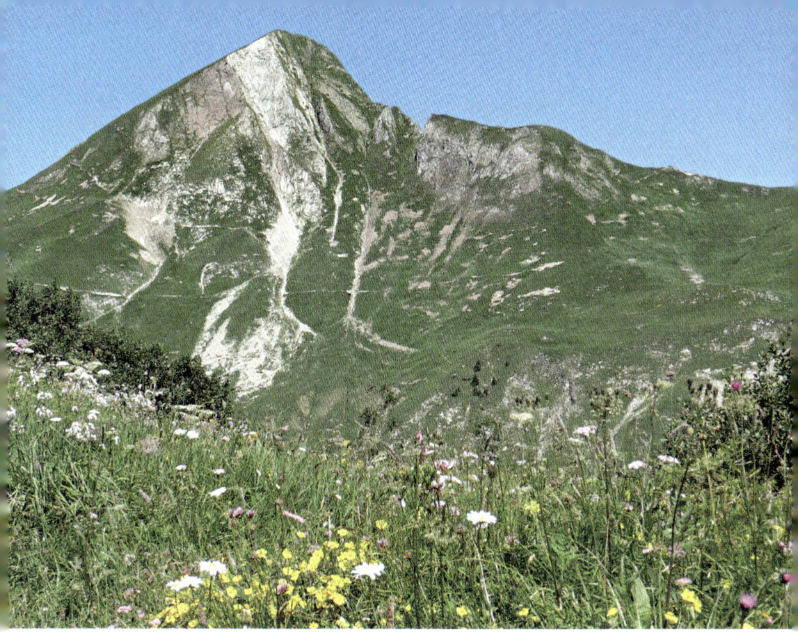

Almwiese unter der Jöchelspitze (L 4).

schen Reutte und Steeg und in die Seitentäler. Jeweils eine Berg- und Talfahrt je Tag mit den Sommerbergbahnen in Warth und Lech sowie mit der Jöchelspitzbahn in Bach. Weitere Ermäßigungen u.a. in den Bädern im Lechtal; lechtal.at/das-tiroler-lechtal/vorteilskarten.

- Aktiv Card Naturparkregion Reutte. Erhältlich für Gäste ab einer Übernachtung zwischen Weißenbach und Vils von Anfang Mai bis Ende Oktober. Freie Busfahrt ins Lechtal bis Lech und nach Füssen. Ermäßigter Eintritt in die Alpentherme Ehrenberg, freier Eintritt im Freibad Weißenbach sowie weitere umfassende kostenfreie oder ermäßigte Freizeitaktivitäten; reutte.com/aktivcard.
- Füssen Card. Ab einer Übernachtung in Füssen. Die Vorteile der Füssen Card erstrecken sich ganz überwiegend auf die Stadt und das deutsche Umland. Mit elektronischer Füssen Card freie Busfahrten im Gemeindegebiet und im 500 km großen Liniennetz im Ostallgäu sowie bis Reutte, auch mit der Bahn. Ermäßigte Eintritte in die Königsschlösser, das Museum der bayerischen Könige, in das Hohe Schloss Füssen und ins Kloster St. Mang. Ermäßigung u. a. bei der Fahrt mit der Hahnenkammbahn in Höfen und bei Veranstaltungen: fuessen.de/fuessencard.

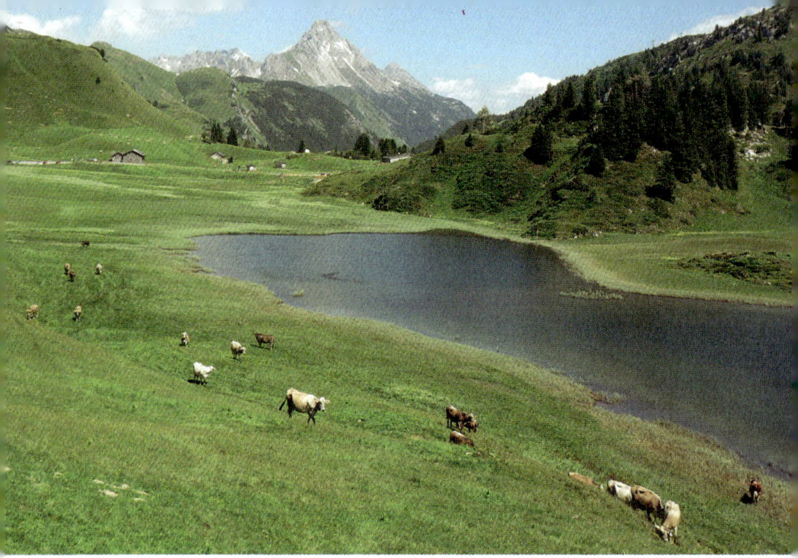

Der Kalbelesee, ein geschütztes Biotop. Im Hintergrund der Biberkopf (LS 1b).

Wanderkarten

Nur zwei Karten stellen den gesamten Lechweg als Ganzes dar:

- Tiroler Lechtal (2 Karten), Mayr XL Edition, WM 405, 1:25.000, Kompass Karten Verlag, mit Lechweg, ohne Lechschleifen, laminiert, etwas unhandlich.
- Lechweg, 1:25.000, Public Press (in Schlichtkartografie ist nur der Lechweg abgebildet; für weitere Wanderungen samt Lechschleifen ungeeignet).

Immer erste Wahl sind die genauen und auf robustem Papier gedruckten Alpenvereinskarten. Nur 2 Karten liegen in neuerer Fassung vor:

- AV-Karte Lechtaler Alpen – Arlberggebiet, Blatt 3/2, 1:25.000 (Spullersee bis Hägerau, ohne Beginn des Lechwegs am Formarinsee).
- AV-Karte Tannheimer Berge – Köllenspitze – Gaishorn, Blatt BY 5, 1.25.000 (Weißenbach bis Füssen).

Weitere Gebietskarten:

- Lechtaler Alpen – Allgäuer Alpen, WK 351, 1:50.000, freytag & berndt (Lech, Reutte).
- Tannheimer Tal, WK 5352, 1:35.000, freytag & berndt (Forchach, Füssen).
- Füssen: Zumstein Wanderkarte Nr. 1 »Füssen«, 1:30.000.

Die Tourist-Informationen halten zum Teil sehr informative Broschüren mit Wandervorschlägen für ihr Gebiet vor, die zu zusätzlichen Wandertagen verführen.

Literaturauswahl

- Das Serviceheft, Ihr Begleiter zum Lechweg, jährlich neu, aktuelle Informationen, Kurzcharakteristik der Wege, Verzeichnis der Lechweg-Gastgeber. Kostenlos zu beziehen: info@lechweg.com.
- Werner Bätzing, Die Alpen. Geschichte und Zukunft einer europäischen Kulturlandschaft, 4. Auflage, München 2015 (C. H. Beck).
- Werner Bätzing, Die Alpen. Das Verschwinden einer Kulturlandschaft, 2. Auflage, Darmstadt 2021 (WBG Theiss Verlag).
- Jon Mathieu. Die Alpen. Raum – Kultur – Geschichte. Stuttgart 2015 (Reclam).
- Bernhard Edmaier, Angelika Jung-Hüttl, Kunstwerk Alpen, München 2012 (Rother Bergverlag).
- Olaf Sailer: Auf den Spuren der Walser am Tannberg 2017 (Kultur und Geschichte der Walser am Tannberg, zu beziehen über die Tourist-Informationen Lech und Warth).
- Elmar Bereuter: Die Schwabenkinder, Roman, München 2018 (Piper; auch Fernsehfilm).
- Martin Kluger: Der Lech. Landschaft, Natur, Geschichte, Wirtschaft, Wasserkraft, Welterbe, Augsburg/Nürnberg 2020 (context verlag).
- Christine Tauber: Ludwig II. Das phantastische Leben des Königs von Bayern, München 2013 (C. H. Beck).

Denkmal für die Geierwally in Elbigenalp (L 4).

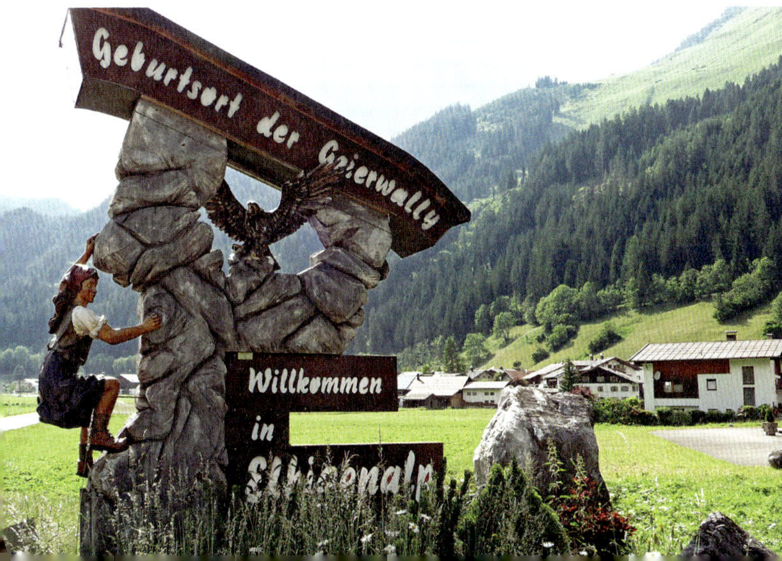

Das Lechtal

Der Lech

Der Lech wird von der Tourismuswerbung gerne als der »letzte Wilde« bezeichnet, das meint, der letzte Wildwasserfluss der nördlichen Alpen. Der Lech entspringt im kleinen Lechquellengebirge, dem der bekannte Alpinschriftsteller Walther Flaig diesen Namen gegeben hat, der sich inzwischen durchgesetzt hat. Das Lechquellengebirge grenzt am Flexenpass an die Lechtaler Alpen und am Hochtannbergpass an die Allgäuer Alpen. Lech und Lechtal trennen diese beiden Gebirgszüge.

Der Lech erhält seinen Namen erst am Zusammenfluss von Formarinbach und Spullerbach, wo Lechweg-Wanderer auf Stegen über dem Wasser gehen. Der Spullerbach ist der Ausfluss aus dem Spullersee, der als Stausee angelegt wurde, um die Eisenbahn durch den Arlberg mit Strom zu versorgen. Der Formarinbach nimmt vermutlich seinen Anfang unter der Roten Wand und fließt unterirdisch vom Formarinsee unter dem kleinen Pass hindurch, wo heute die Busendstation für den Lechweg ist.

Der Lech hat Terrassen ausgebildet.

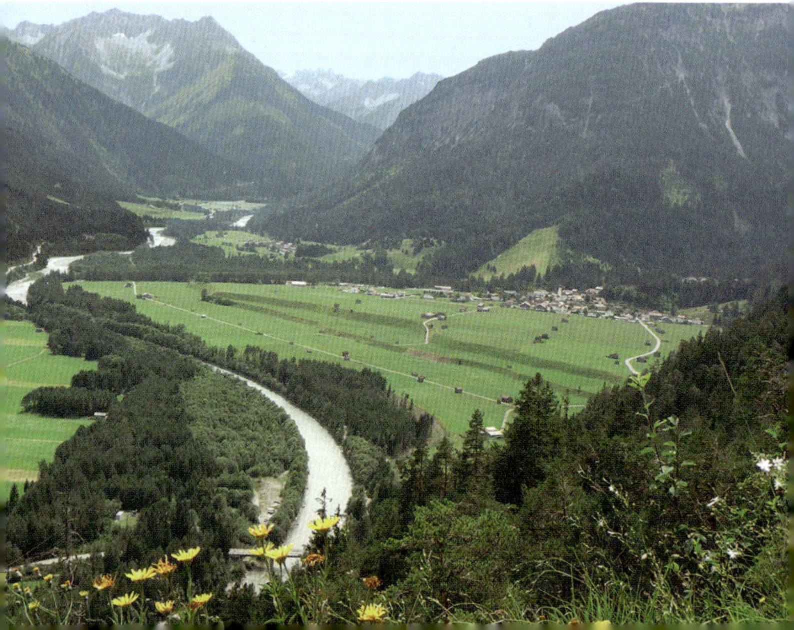

Die beiden Bäche und der Fluss zeichnen sich, außer bei Hochwasser, durch ihr klares, sauberes Wasser aus, ein Zeichen dafür, dass sie nicht aus sedimentreichem Gletscherwasser gespeist werden. Das leichte Türkis der Farbe rührt von aus dem Kalkgestein ausgewaschenen Mineralien.

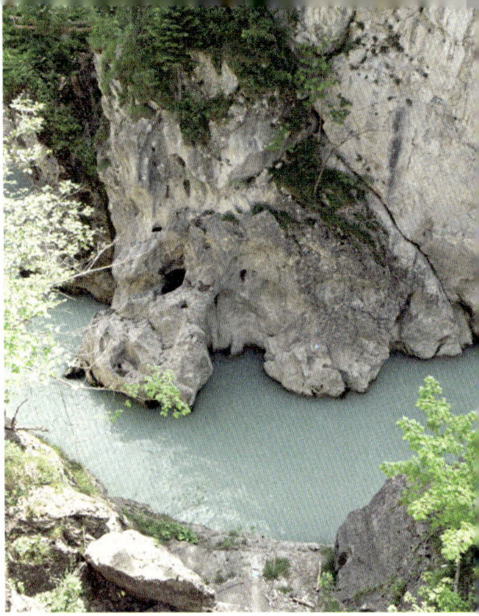

Lechschlucht am Lechfall.

Die ausgeprägte Geländestufe zwischen Warth und Steeg-Prenten überwindet der Fluss, indem er sich in einer tiefen Schlucht in das Kalkgebirge fräst. Danach fließt er in einem Kastental durch sein eigenes Schwemmland bis zum Lechfall in Füssen. Und die Mengen an Schotter, die der Fluss mit sich führt, ablagert, umlagert und weiter transportiert sind gigantisch. Zwischen Stanzach und Forchach ist der Lech künstlerisch tätig: Er flicht sich selbst einen Zopf. Jedoch nicht ohne menschliches Zutun: Von beiden Talseiten wurden in der Vergangenheit zur Landgewinnung paarweise Buhnen vorgetrieben, die das Flussbett verengen. Danach kann sich der Fluss wieder ausbreiten und seinen Schotter ablagern bis zur nächsten Buhne. Dieses Spiel wiederholt sich, woraus letztendlich die Form eines Zopfes entsteht.

Ganz so wild ist also der Lech nicht mehr überall. Heute ist man bestrebt, dem Lech durch Renaturierungen wieder mehr Raum zu geben. Die Katastrophenhochwasser von 1999 und 2005 erhöhten den Handlungsdruck. Im Jahr 2004 wurde der **Naturpark Tiroler Lech** aus der Taufe gehoben. Seitdem stehen zwischen Steeg-Prenten und Vils 41 km^2 Fläche und 62 km Gewässerlänge am Lech und seinen Zuflüssen unter Natura 2000, Naturschutz und Naturparkschutz. An mehreren Stellen treffen Lechweg-Wanderer auf natürliche oder gestaltete Naturereignisse, am eindrücklichsten in der Pflacher Au. Um Einblicke in die Funktion der Flusslandschaft und ihrer Flora und Fauna zu gewinnen, sei der Besuch der Mitmach-Ausstellung in der Ehrenberger Klause besonders empfohlen.

Nach dem Lechfall, bei Eintritt in das Voralpenland, ändert der Lech seinen Charakter. Nun ist er kanalisiert und dient vornehmlich der Elektrizitätsgewinnung, wobei der Forggensee als größter deutscher Stausee die starken Wasserschwankungen des Lechs zwischen Winter und Schneeschmelze im Frühjahr auszugleichen hat. Unterhalb von Donauwörth, gegenüber dem Örtchen Marxheim, fließt der Lech nach 264 km in die Donau.

Geologie

Die Alpen sind ein erdgeschichtlich junges Faltengebirge. Die Auffaltung begann bereits im Erdzeitalter des Jura, erfolgte aber im Wesentlichen seit dem Tertiär vor 30 Mio. Jahren. Die afrikanische und die adriatische Platte wandern auch heute noch nach Norden und drücken gegen den Rand der europäischen Platte. Diese wird angehoben. Der zwischen den Platten liegende Ozean wurde zusammengeschoben. Seine Ablagerungen wurden überschoben. Wir finden sie heute als die Kalkschichten der nördlichen Kalkalpen wieder. Diese Kalkablagerungen bestehen aus den Schalentieren und Korallen des Ozeans. Fossilien finden wir beispielsweise im Steinernen Meer (Variante zur Lechwegetappe L1) und eindrücklicher und gut präsentiert auf dem Geoweg Rüfikopf (empfehlenswerte Broschüre »Wanderwelten« von Lech Zürs Tourismus).

Die Hebung der Alpen hält an. Sie wird durch die Erosion ausgeglichen. Einen wesentlichen Beitrag zur Erosion leisteten die Gletscher. Sie sind in unserem Wandergebiet heute nicht mehr vorhanden. Ihre Relikte sind die Karseen und Trogtäler sowie die Moränen im Alpenvorland. Erosion findet heute durch Frostsprengung und Wasser statt. Der Lech hat sich so tief und breit in die Kalkschichten eingegraben, dass er nach unserem heutigen Sprachgebrauch zwei Gebirge voneinander trennt, die Allgäuer und die Lechtaler Alpen.

Versteinerter Nautilus.

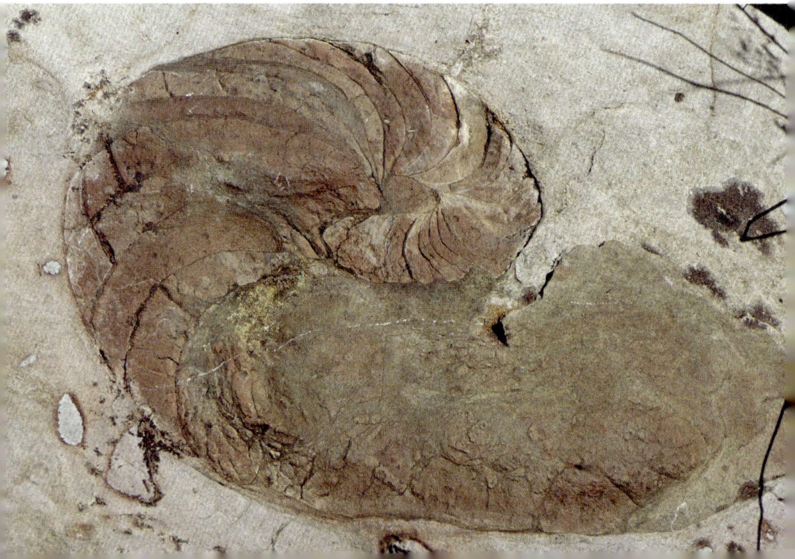

Flora und Fauna

Die meisten Pflanzen lieben Kalkböden. In der Felsregion beschränken sie sich im Wesentlichen auf Flechten und Steinbrechgewächse. Bereits der Kalkrasen oberhalb der Waldgrenze ist sehr blumenreich. Dies gilt umso mehr für die Mähder an den Hängen des Lechtals, die weder beweidet noch gedüngt werden. Für Wanderer sind sie besonders vor der ersten Mahd eine überwältigende Augenweide.

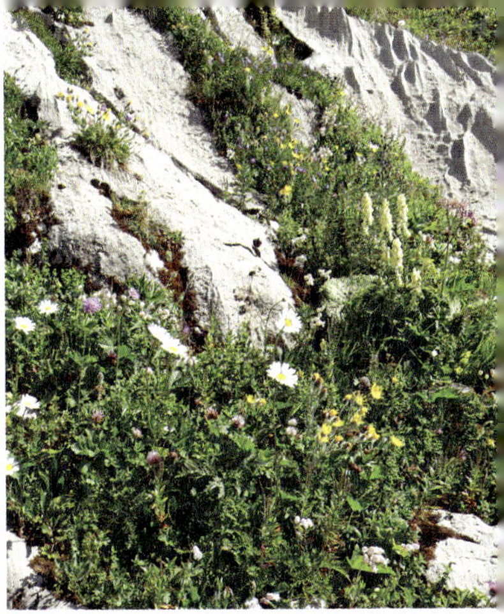

Alpenflora im Kalkfels.

Es folgt die Zone aus Latschenkiefern, darauf folgen zunächst lichte, dann geschlossene Fichtenwälder. Laubbäume in der Abfolge Rotbuche – Eiche finden sich erst in den Tälern. Im Siedlungsgebiet der Walser ist die Baumgrenze herabgesetzt, weil die Walser die Wälder (ursprünglicher Name Tannberg für die Gegend um Lech) gerodet haben, um Viehwirtschaft zu betreiben. Das sollte sich gegen Ende der Kleinen Eiszeit im 19. Jh. rächen, weil nicht mehr genügend Bäume vorhanden waren, wie sie für Bau-, Möbel- und Brennholz benötigt worden wären.

Die Wanderung auf dem Lechweg beginnt oberhalb der Waldzone im Reich von Steinbock, Gams und Murmeltier sowie Steinadler, Dohle und Schneefink. Mit etwas Glück treffen Wanderer im Lechquellengebirge auf Vertreter der größten Steinbockkolonie der Alpen. In der Wald- und der nachfolgenden Auenzone mit Auwald, periodisch überschwemmten Wiesen und Schotterbänken nimmt die Artenvielfalt stark zu. Bei den Erhebungen zur Ausweisung des Naturparks Tiroler Lech wurden 1160 verschiedene Blütenpflanzen gefunden, darunter 392 Arten, die in ihrem Bestand gefährdet sind. Mehr als 160 Vogelarten, darunter der selten gewordene Flussregenpfeifer, wurden nachgewiesen. Die Deutsche Tamariske hat sich am Lech erhalten, weil sie mit ihren tiefen Wurzeln und ihrer Biegsamkeit auch stärkeren Hochwasserströmungen widerstehen kann. Bei Martinau findet sich das größte europäische Vorkommen der Frauenschuhorchidee. Einblicke in die Flora und Fauna des Lechtals bieten geführte Wanderungen ab Naturparkhaus Elmen und die Mitmachausstellung in der Ehrenberger Klause.

Folgende Doppelseite im Uhrzeigersinn von links oben: Frühlingsenzian, Wiesensalbei, Sumpfdotterblume und Farn, Glockenblume, Fingerhut, Knabenkraut, Hornveilchen und Flockenblume.

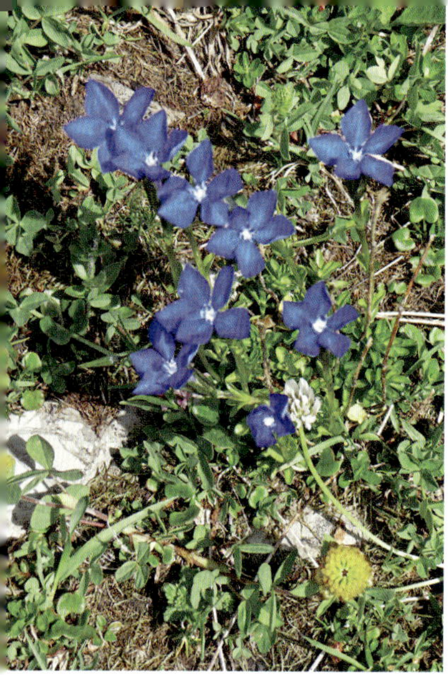
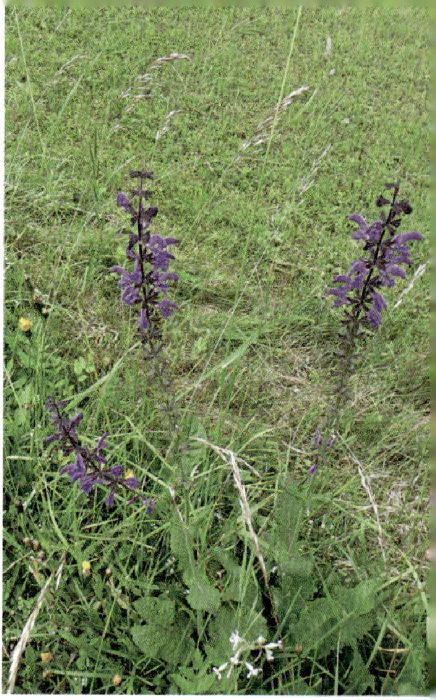
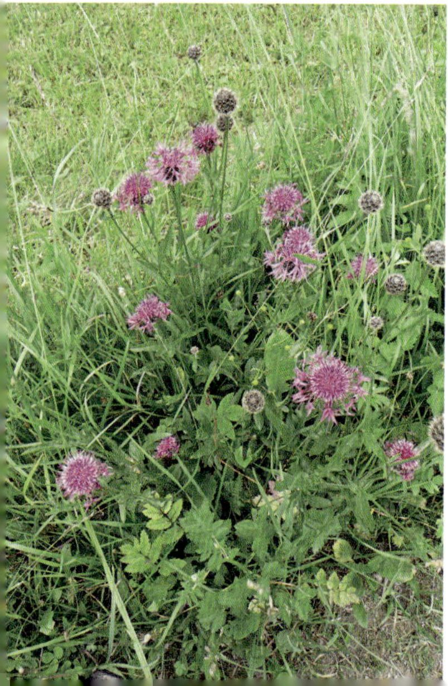
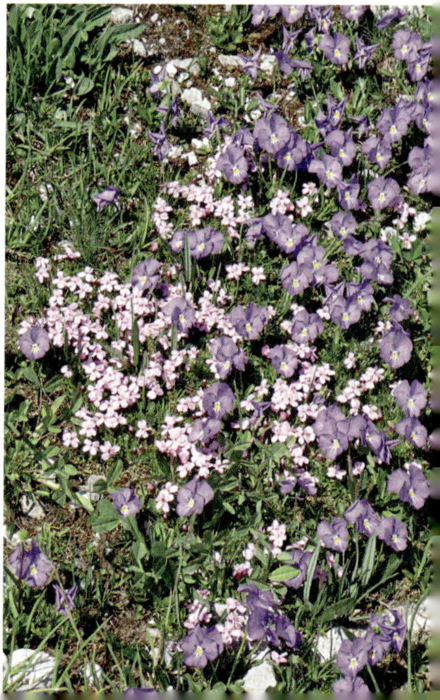

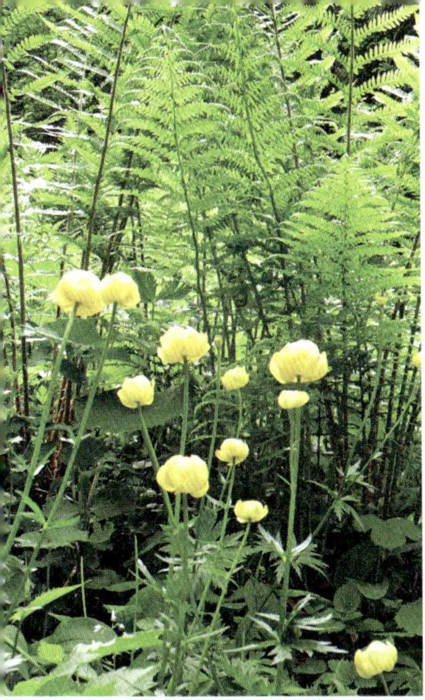
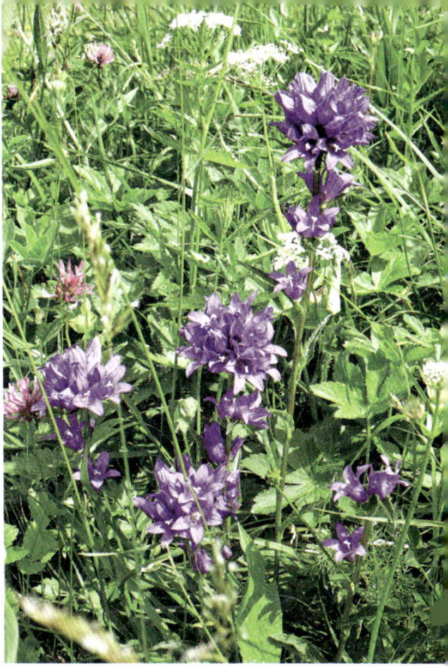
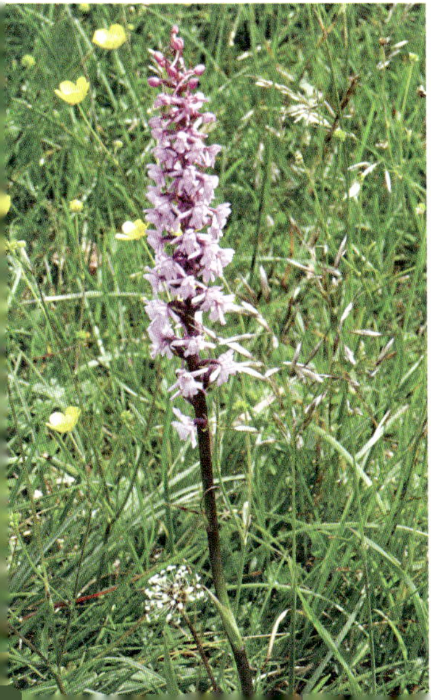
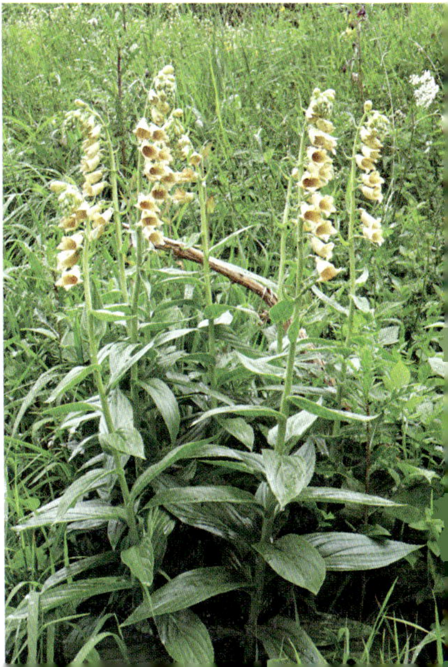

Geschichte

Nach den Kelten kommen die Römer. Sie führen ihre Via Claudia Augusta aus dem Vinschgau über Reschen- und Fernpass und über Reutte und Füssen nach Augsburg. Nach dem Untergang des Römischen Reiches wird der Lech Grenze zwischen den Siedlungsgebieten von Schwaben und Bajuwaren und stellt noch heute die Dialektgrenze dar. Das Lechtal wird von Norden von Schwaben besiedelt. Die Christianisierung erfolgt vom Kloster St. Gallen (hl. Magnus, Klostergründung in Füssen). Der Raum wird Teil des Bistums Augsburg.
Trotz der landsmannschaftlichen und wirtschaftlichen Verflechtungen nach Norden kommt der heutige Bezirk Reutte im 13. Jh. zur wohlhabenden Grafschaft Tirol, die den Handel über den Brenner kontrolliert. Aus Sicht Tirols handelt es sich um das »Außerfern«, d. h. um das Gebiet jenseits des Fernpasses. Die alemannischen Walser besiedeln um 1300 das obere Lechtal und kultivieren es. Die Habsburger erwerben 1363 die Grafschaft Tirol. Sie sind bestrebt, eine Verbindung zu ihrer Stammburg im schweizerischen Aargau herzustellen, wobei Vorarlberg als Brücke dient. Zwischen 1805 und 1814 fällt das Außerfern mit Tirol trotz des Tiroler Freiheitskampfes unter Andreas Hofer vorübergehend an das mit Napoleon verbündete Bayern. Alle weiteren Kriege und Grenzziehungen ändern an der deutsch-österreichischen Grenze zwischen Allgäu und Außerfern nichts. Die beiden Räume bleiben wirtschaftlich eng verflochten; der Lechweg mag eine weitere Klammer sein.

Die Walser

Die Walser sind alemannischer Herkunft, die um das Jahr 1000 n. Chr. im oberen Rhonetal, dem Goms, siedeln. Von dort wandern sie in mehreren Wellen in alle Himmelsrichtungen aus, wobei die Gründe im Dunkel der Geschichte liegen. Die Walser besiedeln die höher gelegenen Bergregionen und schaffen die höchstgelegenen Dauersiedlungen der Alpen. Von den Herrschern werden sie geschätzt, füllten sie doch ungenutzte und unbesiedelte Gebiete auf und sicherten damit das Herrschaftsgebiet ab. Neben einem geringen Pachtzins müssen sie dem Lehnherrn in kriegerischen Auseinandersetzungen zu Diensten sein. Dafür werden sie in einer Zeit verbreiteter Leibeigenschaft mit Privilegien belohnt: Sie erhalten Selbstverwaltungsrechte und die niedere Gerichtsbarkeit (Walser-Freiheiten).
Vorarlberg und das Kleine Walsertal erreichten die Walser wohl um 1300 n. Chr. Sie nennen das Gebiet wegen des dichten Waldes »Tannberg«. Der Wald, dessen Obergrenze etwa 200 m höher gelegen haben dürfte als heute, wird gerodet und in Almflächen umgewandelt. Ein Teil der Flächen wird nicht beweidet, sondern nur gemäht, um genügend Viehfutter für den Winter einlagern zu können. Diese Mähder sind heute die Magerwiesen, die Wanderer durch ihre besonders vielfältige Blumenpracht erfreuen.

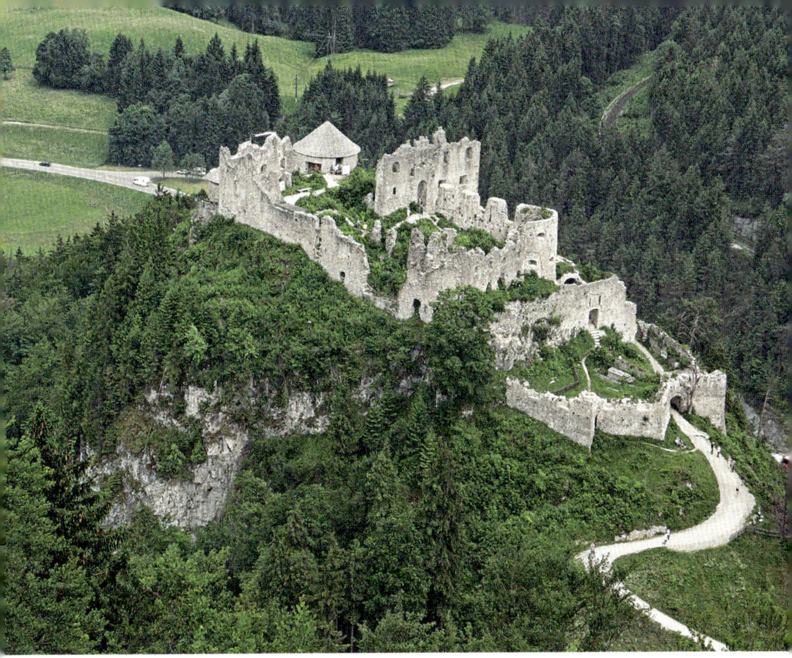

Blick vom Schlosskopf auf die Ruine Ehrenberg.

Als Sigismund von Österreich im Jahre 1451 das Tannberggebiet erobert, entzieht er den Walsern ihre Rechte. Diese erhalten sie aber im 16. Jh. bis zum Jahr 1806 zurück, bis zur Zeit der Napoleonischen Kriege und der bayerischen Besetzung. Der erste Gerichtssitz der Walser hat seinen Platz im Auenfeld, in zentraler und über den Auenfeldsattel verkehrsgünstiger Lage. Dann in Tannberg am Lech, das seinen Namen im 19. Jh. auf »Lech« verkürzte. Das »Weiße Haus« steht noch heute benachbart zur Pfarrkirche.
Die fleißigen Waldrodungen erweisen sich als Fluch, als mit der Kleinen Eiszeit die Winter kälter und länger werden und der Schnee höher und länger liegen bleibt. Zudem sinkt die Waldgrenze im Vergleich zur Landnahme durch die Walser um etwa 200 m. Das Brennholz wird knapp, es muss – soweit möglich – Torf gestochen werden. Die Walser hungern. In ihrer Not schicken sie ihre Kinder vom Frühjahr bis zum Herbst zum Arbeiten in das Schwabenland, um weniger Esser durchfüttern zu müssen. Im 19. Jh. werden die höchsten Dauersiedlungen, wie z. B. Hochkrumbach, das Auenfeld und Bürstegg, damals die mit 1716 m höchste Dauersiedlung in Vorarlberg, aufgegeben.

L1 Vom Formarinsee nach Lech

4.30 Std.
14,1 km

Vom Hochgebirge zum mondänen Skiort

Die erste Etappe führt von oberhalb der Waldgrenze auf leichtem Bergpfad, später auf überwiegend bequemen Wegen durch Nadelwälder an Flussufern entlang.

Ausgangspunkt: Busendhaltestelle Formarinalpe, 1871 m, Wartehäuschen, Toiletten. Ortsbus ab Postamt und Rüfiplatz Mitte Juni–Anfang Okt., Stundentakt, in der Hauptsaison fast Halbstundentakt.
Endpunkt: Lech, 1444 m.
Höhenunterschied: Aufstieg 110 m, Abstieg 540 m.
Anforderungen: Leichter Bergweg. Variante: Trittsicherheit erforderlich.
Einkehr: Freiburger Hütte (30 Min. abseits, von Mitte Juni–Anfang Okt. täglich geöffnet, Tel. +43 664 1745042). Whs. Älpele (aelpele-lech.at, 11–16 Uhr, Mo Ruhetag) sowie die Alpe daneben (kein Ruhetag). Restaurant Fischerwirt in Zug, fischteich-lech.at, im Sommer Di–So 11–20.30 Uhr). In Zug und Lech.
Unterkunft: Freiburger Hütte (s. o., www.freiburger-huette.at, info@freiburger-huette.at).
Tipp: Einkehr zum Fischessen beim Fischerwirt am Fischteich in Zug (Mitte Juni-Anfang Sept, So).

Der Ortsbus bringt uns von Lech zur **Endhaltestelle Formarinsee**. Diese liegt auf einem kleinen Pass, 1871 m, zwischen Formarinalpe und Formarinsee. Zum idyllischen, zwischen den rauen Kalkbergen des Lechquellengebirges liegenden **Formarinsee** abzusteigen, ist ein »Muss«. Nördlich über ihm erhebt sich die Rote Wand, das vermutete Quellgebiet des Formarinbachs. Im Süden schaut die Freiburger Hütte des Deutschen Alpenvereins auf den See. Je nach Standort, Sonnenstand und Luftbewegungen spiegelt sich die Landschaft auf der Seeoberfläche.

Variante Steinernes Meer: Ausdauernde Wanderer können der Lechweg-Wanderung einen Gang durch das Steinerne Meer voranstellen, wofür eine um **drei Stunden längere Gehzeit** (bei Nässe auch mehr und nicht unbedingt empfehlenswert) einzuplanen ist. Das Steinerne Meer ist auch als eigenständige Halbtageswanderung lohnenswert – falls auf der Freiburger Hütte eingekehrt wird, auch in entgegengesetzter Richtung. Aufmerksame Wanderer entdecken auf den Karstflächen des Steinernen Meeres Versteinerungen. (Empfehlenswert ist die von Lech Zürs Tourismus herausgegebene kostenfreie Broschüre »Wanderwelten und Biketouren«.)
Wir steigen zunächst zur **Freiburger Hütte**, 1918 m, auf, was am bequemsten auf dem entgegen dem Uhrzeigersinn um den See herumführenden Güterweg geschieht (30 Min.). (Den am Westufer parallel verlaufenden Pfad zu nutzen, ist unökonomisch, da dieser zunächst absteigt und der Höhenverlust später ausgeglichen werden muss. Der an der Bushaltestelle beginnen-

de schmale und ausgesetzte Gebirgspfad bietet keinen Zeitgewinn und bleibt Geübten bei guten Verhältnissen vorbehalten.)
Von der Freiburger Hütte geht es auf dem Europäischen Fernwanderweg E4 durch Almweiden überwiegend aufwärts zum Beginn des **Steinernen Meeres,** 2100 m (1 Std.). Die verzwickte Wegführung durch die Karrenfelder erlaubt hier kein schnelles Fortkommen mehr. Bei Nässe ist sicheres Gehen auf dem glatten Kalk gefragt. Fundstellen von Fossilien am Weg sind durch Metallhülsen gekennzeichnet. Bevor wir den E4 nach weiteren etwa 45 Minuten verlassen müssen, bieten sich eine Ansammlung von Megalodonten (Kuhtrittmuscheln) sowie das Steinbockhorn, eine angeschnittene Riesenmuschel, an. Gehen wir über unseren Abzweig zur Formarinalpe wenige Meter auf dem E4 Richtung Gehrengrat, Spullersee und Zürs geradeaus, so stoßen wir auf unzählige Ammoniten, Belemniten und Nautiliden. Beim Abstieg zur Formarinalpe ist rechts des Weges ein kleines Korallenriff zu entdecken (siehe auch Kapitel Geologie). Nach 45-minütigem Abstieg auf dem Pfad mit moderatem Gefälle treffen wir unterhalb des Steinbockdenkmals auf den Lechweg.

Am Formarinbach.

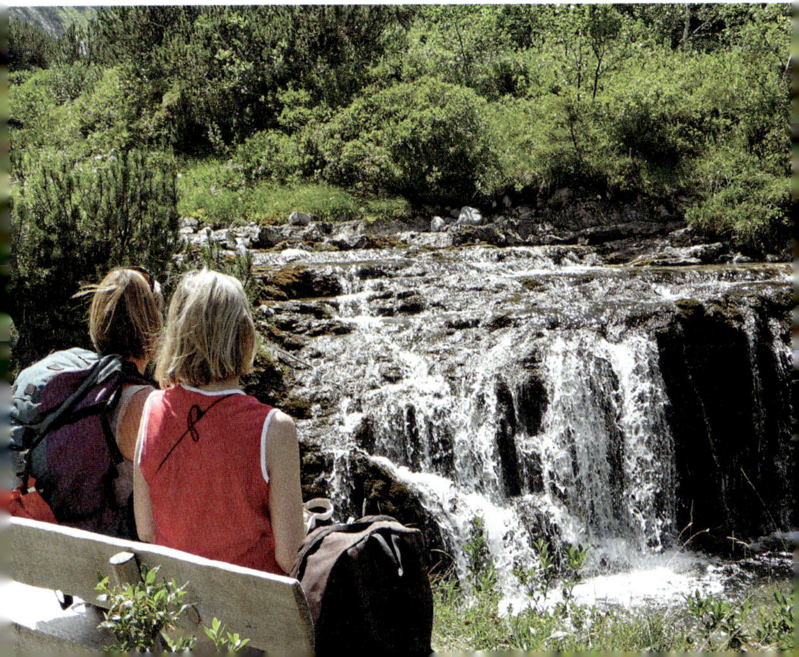

Lechweg direkt ohne Variante: Um ausschließlich den **Lechweg** zu begehen, steigen wir vom Formarinsee zum Pass und zur **Busendstation (1)** zurück. Am Beginn des Weges informiert uns eine Orientierungstafel über den Lechweg. Die Lechwegmarkierung aus einem dem Lechlauf nachempfundenen geschwungenen weißen »L« auf schwarzem Grund begleitet durchgehend über 125 Kilometer bis zum Lechfall in Füssen. Soweit das weiße »L« ohne schwarzen Spiegel auf Felsen und Bäume aufgetragen ist, muss ggf. genau hingeschaut werden, um den Weg nicht zu verlieren.

Nach wenigen Metern auf der Straße biegen wir in Höhe der Formarinalpe rechts in einen Wiesenweg ab und streben dem **Steinbockdenkmal** zu, das

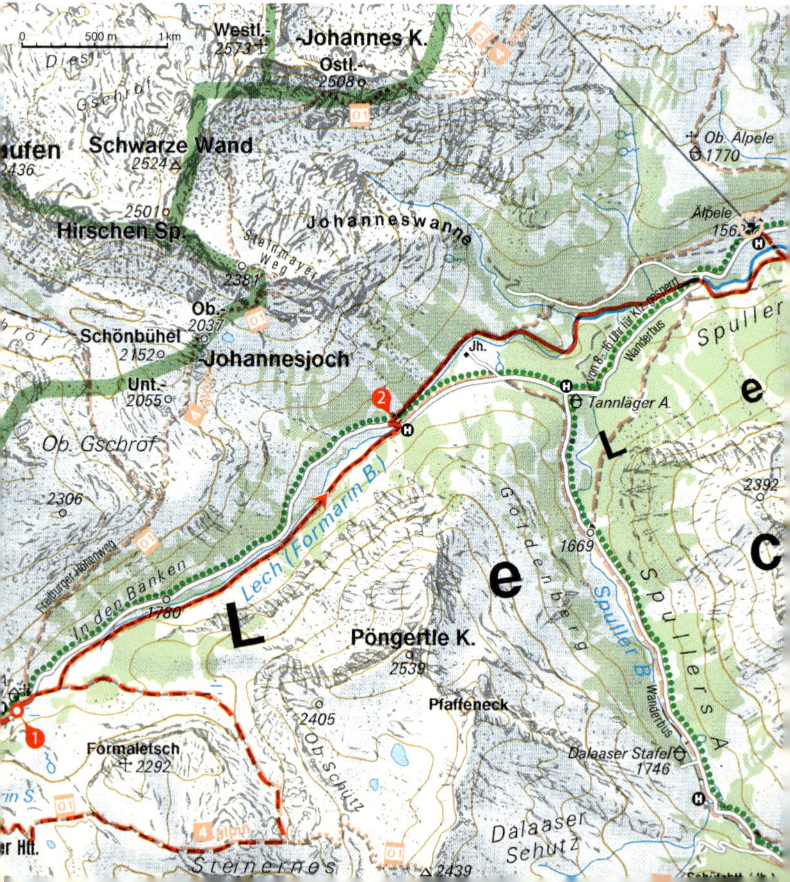

an die Wiederansiedlung des Steinwildes seit 1958 erinnert. (Wenig später kommt von rechts der Steig vom Steinernen Meer herab.) Der Formarinbach ist auf diesem ersten Abschnitt mit Ausnahme während der Schneeschmelze trocken gefallen. Der mit Felsen und Steinen durchsetzte Bergpfad führt besonders im Frühsommer durch blühende Almwiesen.
Inzwischen plätschert das klare Wasser des **Formarinbachs** über viele Steinstufen. Es hat einen geologischen Aufschluss geschaffen, der die Gesteinsschichtungen offen legt. Bereits in der Latschenzone angelangt, bietet sich an einem Wasserfall eine Bank zur Rast an. Nach etwa 70 Minuten wechseln wir über eine **Brücke der Mautstraße (2)** auf die linke Bachseite

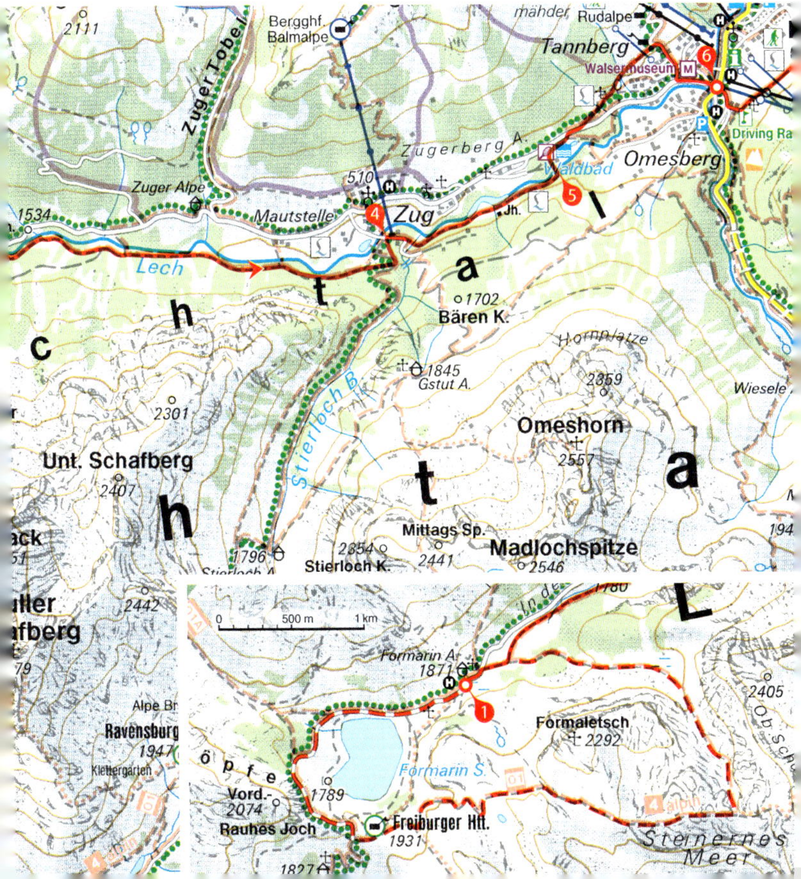

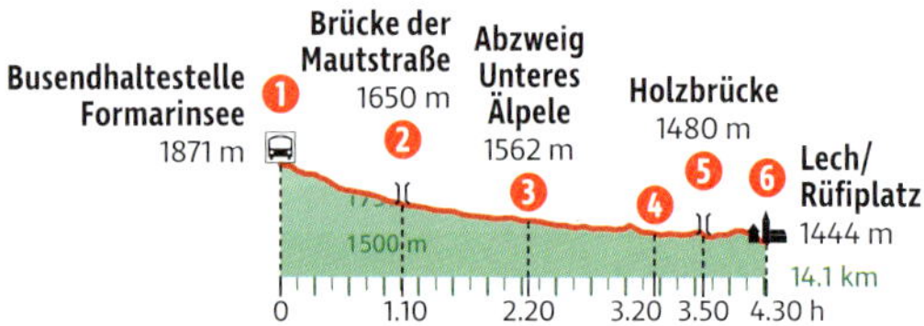

(Bushaltestelle) und gelangen in die Waldzone. Zwei große Schuttreißen werden überstiegen, deren Material zu den bemerkenswerten Schotterbänken des Lechs beiträgt und das, letztlich zu Sand zerrieben, im Donaudelta im Schwarzen Meer landen mag.

Das Tälchen verengt sich, der Platz für einen Wanderweg wird knapp. Wir Wanderer sind begeistert über die Lösung dieses Problems: sehr aufwendig angelegte Holzbrücken und -stege ermöglichen einen beschwingten und erlebnisreichen Gang über den Wassern des Baches. So auch über dem Zusammenfluss von Formarinbach und Spullerbach. Hier erhält der **Lech** seinen Namen.

Der Lechweg quert die Mautstraße vor der Lechbrücke, steigt kurz auf einem Forstweg an und auf einem Pfad wieder ab. Wer einkehren möchte, kann über den Lech hinweg vom **Abzweig (3)**, 1562 m, das **Untere Älpele** in 5 bis 10 Minuten erreichen. Zur Einkehr bieten sich das **Gasthaus Älpele** (Mo Ruhetag) oder die unmittelbar benachbarte Alpe (kein Ruhetag) an (2.20 Std. ab Start, Bushaltestelle). Rückweg zum Lechweg wie Hinweg.

Rechts des Lechs geht es durch Latschen und Wald weiter auf dem Lechweg. Vor Zug steigen wir noch einmal im Hang empor und dann zum Lech ab. Der Fischteich mit dem **Fischerstüble** (Mo Ruhetag, Parkplatz) liegt nur wenige Schritte vom Lechweg am linken Lechufer. Hier fangfrische Forelle oder Saibling zu verzehren, ist eine große Empfehlung. Vom folgenden **Abzweig (4)** lässt sich der oberhalb der Aue liegende Ort **Zug** (Einkehrmöglichkeiten, Bushaltestelle Kirche) auf kurzem, steilem Pfad erreichen.

Ab Zug folgt der Lechweg rechts des Flusses dem breiten, bequemen und

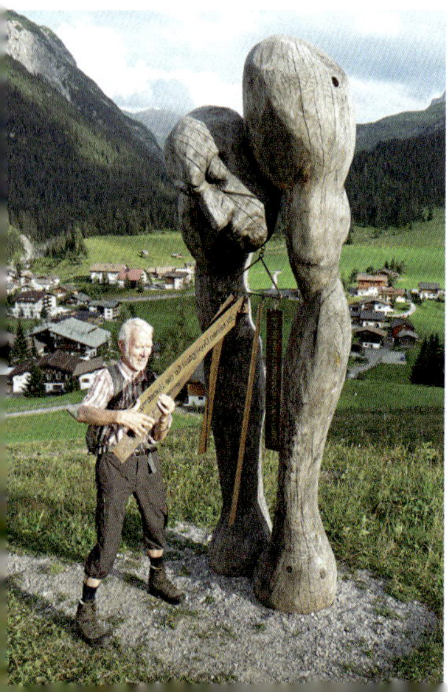

Sagen-Rätsel-Kunst am Berg über Lech.

kinderwagengeeigneten Lechuferweg durch Waldwiesen. Wir passieren Relaxliegen und einen Grillplatz, bevor wir in Höhe einer Kneippanlage über eine mit einem Strandkorb bestückte **Holzbrücke (5)** an das linke Ufer wechseln. Der Weg führt zur Straße Lech – Zug, wobei das Waldschwimmbad rechts liegen bleibt. Nach wenigen Schritten entlang der Straße (Bushaltestelle) werden wir links durch ein Gatter in eine Almweide geführt. In ihr steigen wir links auf Trittspuren zum Waldrand auf. Ein Kiespfad leitet nach rechts über einen Bach in die Wiesen oberhalb des Ortsteils Tannberg. Skulpturen begleiten den Weg, bevor wir auf einem von der Rudalpe herabkommenden Asphaltsträßchen zum Lech hinab und zur gedeckten Brücke am Rüfiplatz in **Lech (6)**, 1444 m (alle Dienste), laufen.

***i* Lech – exklusiver Wintersport- und aufstrebender Sommererholungsort**

Lech-Zürs liegt mit seinen etwa 1500 Einwohnern und ca. 8500 Gästebetten in einem Hochtal zwischen 1400 und 1700 m. Von den rund 1 Mio. Übernachtungen im Jahr entfallen nur 15 % auf die Sommersaison. Der Ort bemüht sich durch ein breites Angebot an Aktivitäten und Attraktivitäten mehr Sommergäste anzulocken. Auch wenn im Sommer einige Hotels nicht öffnen, ist in Lech im Sommer viel Platz. Das schlägt sich auch in den Preisen nieder: Die Übernachtungspreise sind für Wanderer erschwinglich. Das Preisniveau in der Gastronomie ist gehoben, dafür sind Küche und Service tadellos.

Bis zum Ende des 19. Jhs. war Lech-Zürs ein armes, abgeschiedenes Bergbauerndorf der Walser, das nur auf Saumwegen erreichbar war. Seit dem Jahr 1900 verbindet die Flexenpassstraße mit Arlbergpassstraße und Arlbergbahn. Seit 1909 ist Warth auf der Straße durch das Lechtal erreichbar, durch den Bregenzerwald erst seit 1954 mit Eröffnung des Hochtannbergpasses. Den wirtschaftlichen Aufschwung brachte dann die Entwicklung des Skisports. Lech-Zürs hat als Pionier die Entwicklung dieses Sports wesentlich geprägt.

Wandersaison ist in dieser Höhenlage von Juni bis Oktober. Wer mehr um Lech wandern möchte, dem seien die Broschüre »Wanderwelten« und die Wanderkarte »mehr raum mehr zeit« anempfohlen. Alle nützlichen Adressen liefert die Broschüre »Informationen«. Ein Busfahrplan liegt im Miniformat vor.

***My Lech Card:** Busse, Bahnen, Waldschwimmbad und mehr sind für Übernachtungsgäste frei, auch in Warth.*

***Sehenswert:** Kirche St. Nikolaus; Walser-Museum Huber-Hus.*

***Einkehr:** Hus Nr. 8 (altes Walserhaus, ab 10 Uhr geöffnet, kein Ruhetag, Tel. +43 5583 3322-0, hus8.at). Rud Alpe (Mi Ruhetag, Tel. +43 5583 41825-0). Der beste Italiener im Ort: Olympia, Tel. +43 5583 2311-5. Umfassende Informationen über Einkehrmöglichkeiten in Lech bietet lechzuers.com/de/guide/weltgourmetdorf.*

***Tourist-Information:** Lech Zürs Tourismus, Dorf 2, A-6764 Lech am Arlberg, Tel. +43 5583 2161-0, lechzuers.com, info@lechzuers.com.*

LS 1a Rund um Lech

4.15 Std.
12,6 km

Zu Kalklöchern und einer alten Walsersiedlung

Ab Oberlech verläuft der Weg – als Teil der offiziellen Lechschleife 1 (siehe auch Lechschleife 1b ab Seite 48) – durch Almlandschaften und zur geologischen Besonderheit der Gipslöcher, an denen die offizielle Route allerdings nicht vorbeiläuft. Ein kurzer Abstecher führt darüber hinaus zur ehemaligen Walsersiedlung Bürstegg.

Ausgangspunkt: Lech, Talstation der Oberlechbahn (Betriebszeit Mitte Juni–Anfang Okt., 8.30–12.00, 12.30–18.00 Uhr, 15-Min.-Takt), 1430 m, oder Oberlech, erreichbar auch mit dem Ortsbus oder in einem Aufstieg ab dem Rüfiplatz in Lech über die Rudalpe.
Höhenunterschied: Aufstieg 465 m, Abstieg 680 m.
Anforderungen: Gute Wege und Pfade wie auf einer Mittelgebirgswanderung.
Einkehr: In Oberlech. Bürstegg (urig und sehr einfach). Bodenalpe (Di Ruhetag, Anfang Juni–Mitte Sept., Tel. +43 664 2400389). In Lech.
Unterkunft: Siehe Lechweg L1.
Tipps: Zeit lassen bei der Erkundung der Gipslöcher. Auf Bürstegg: Wie die Walser wohnten; selbst gemachte Blüten- und Fruchtgetränke probieren.

Wir fahren von **Lech (1)** mit der **Oberlechbahn** hinauf nach Oberlech. Von der **Bergstation (2)**, 1645 m, folgen wir dem Kiesweg aufwärts und dann einem Sträßchen bis zum Hotel Goldener Berg. Hier zweigen wir links auf einen Pfad ab, der am Gipsbach emporführt. An zwei roten Bänken geht es links hinauf. An der nächsten Kreuzung nehmen wir den fast ebenen Weg nach rechts, dann den rechten unteren Weg, der äußerst reizvoll durch die sehr seltene Landschaftsform der Gipslöcher führt.

i Gipslöcher

Im Erdzeitalter des Trias, vor ca. 200 Mio. Jahren, lag unser Wandergebiet am Äquator und bestand aus Flachwasserlagunen, die vom Meerwasser überflutet wurden. Die äquatoriale Hitze führte zur Verdunstung des Wassers und zur Anreicherung von Anhydrit. Der Druck der afrikanischen Platte bewirkte eine Nordwanderung der eurasischen Platte und ein Anheben der Alpen. An der Erdoberfläche wird Anhydrit chemisch in Gips umgewandelt, der bis zu 50 Volumenprozent aufquillt. Andererseits wird Gips durch Wasser gelöst und die gelösten Stoffe werden durch Sickerwasser unterirdisch abtransportiert, wodurch Löcher (Dolinen) entstehen. Jedes der Gipslöcher weist botanische Eigenarten auf.

Sobald wir einen Asphaltweg erreichen, folgen wir diesem hinab zum Aussichtspunkt **Tannegg (3)**, 1789 m. Dort folgen wir der Beschilderung »Auenfeld« scharf nach links. Auf einem schönen Pfad durchqueren wir den Tobel des Kitzbachs. An der Unteren Gaisbühelalpe ignorieren wir den Abzweig

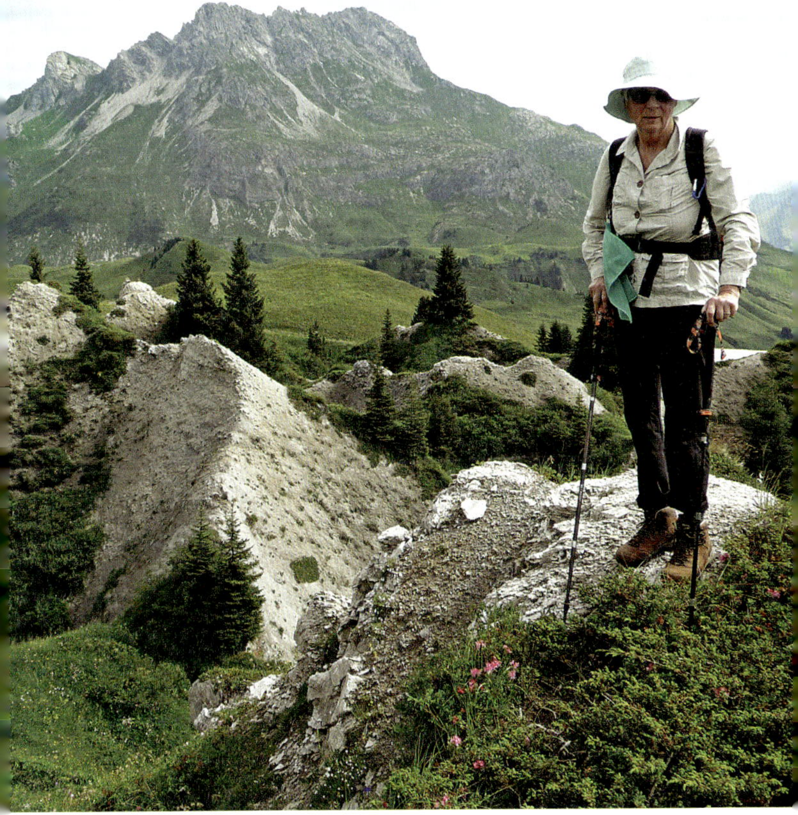

Blick von den Gipslöchern zum Karhorn.

zur Mohnenfluh und kommen zur Wegkreuzung am **Auenfeldsattel (4)**, 1710 m (45 Min. ab Tannegg, Aussicht). Wir wandern geradeaus Richtung Bürstegg unter der Südwand des Karhorns hinauf zum Karbühel. Die ehemalige Walsersiedlung Bürstegg wird sichtbar wie auch am Horizont die imposante Felsgestalt des Biberkopfs. Am nächsten Querweg machen wir nach links einen Abstecher nach **Bürstegg (5)**, 1719 m (45 Min. ab dem Auenfeldsattel, Museum, Kapelle, sehr einfache Einkehr, Aussicht).

Bürstegg

Bürstegg, 1719 m, galt, bevor es um 1900 endgültig verlassen wurde, als höchstgelegene Dauersiedlung des Landes. Die Walsersiedlung wurde 1453 erstmals urkundlich erwähnt. Noch 1835 gab es 13 zwischen Karalpe, Wanghus und Bodenalpe verstreute Bauernhäuser mit 68 Seelen. Die Kleine Eiszeit machte vom 15. bis zum 19. Jh. mit Kälte und Schnee das Leben in diesen Höhen entbehrungsreich und schließlich unerträglich. Heute stehen in Bürstegg nur noch das um 1695 erbaute Kirchlein und zwei Walserhäuser. Das Haus Nr. 11 bietet im Sommer neben einer schlichten Einkehr einen aus heutiger Sicht romantischen Einblick in die vergangene Lebenswelt der Walser.

Von Bürstegg gehen wir ein kurzes Stück zurück und folgen der Bezeichnung »Bodenalpe« teils über den Güterweg und abkürzende Pfade. Den zweiten rechts abzweigenden Pfad dürfen wir nicht verpassen, denn blieben wir auf dem Güterweg, würden wir abseits an der L198 landen. Die **Bodenalpe (6)**, 1420 m (Einkehr, Bushaltestelle der Linie Warth–Lech), ein im Laufe der Zeit mehrmals aufgestocktes Walserhaus, bietet angenehme Einkehr.

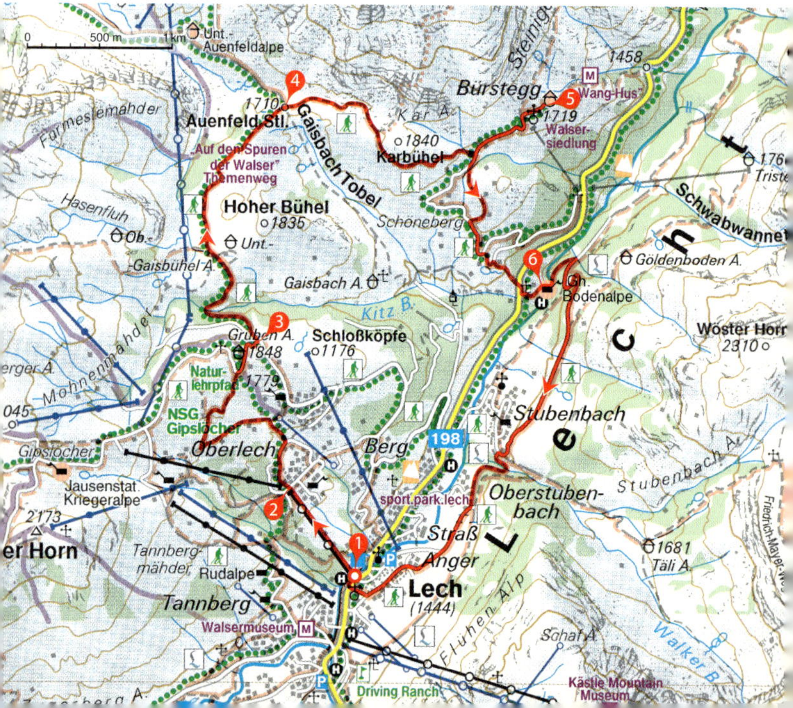

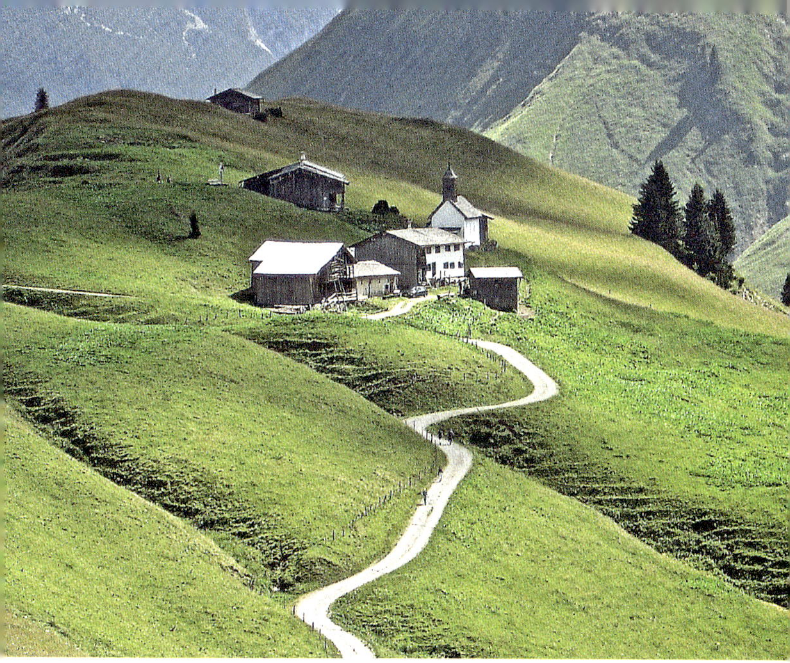

Ehemalige Walsersiedlung Bürstegg.

Von der Bodenalpe steigen wir zum Lech ab, überqueren ihn, steigen zum **Lechweg** auf (15 Min.) und folgen diesem rechts bis Stubenbach, wo wir auf einen Grillplatz treffen (30 Min.). Auf einem Pfad überwinden wir den Walkerbach. An einer Holzhütte mit roten Bänken unterhalb eines Marterls öffnen wir den Weidezaun und verlassen den Lechweg. Wir bleiben in den Wiesen der Flussterrasse, die sich im Gelände deutlich von der Lechaue abgrenzt, durchlaufen den Ortsteil Anger und steigen den ehemaligen steilen Prallhang des Lechs hinab in das Zentrum von **Lech** (alle Dienste) und zurück zur **Talstation der Oberlechbahn (1)**, 1430 m.

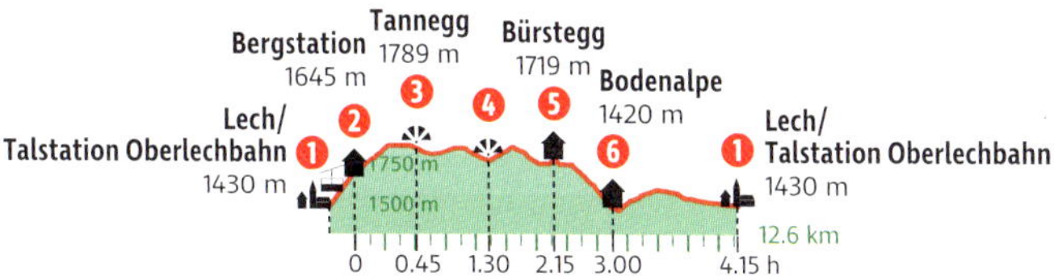

L2 Von Lech über Warth nach Gehren/Lechleiten

4.15 Std.
14,5 km

Durch das obere Lechtal von Vorarlberg nach Tirol

Zunächst bequem am Rand des breiten Lechtales, dann oberhalb der Lechschlucht entlang. Vor und hinter Warth werden Lech und Krumbach im Ab- und Aufstieg gequert. Busreisende gehen bis Gehren, Autofahrer bis zum Parkplatz am Ende von Lechleiten.

Ausgangspunkt: Lech, 1444 m.
Endpunkt: (Ober-)Gehren, 1465 m, Bushaltestelle in (Unter-)Gehren/B 198, oder Lechleiten, 1530 m, Stichstraße zur B 198.
Höhenunterschied: Aufstieg 435 m, Abstieg 350 m.
Anforderungen: Breite Wege und fast ausschließlich gute Bergpfade; Mittelgebirgscharakter.
Einkehr: In Lech. Bodenalpe (10 Min. abseits, Anfang Juni–Mitte Sept., Di Ruhetag, Tel. +43 664 2400389). In Warth. Lisl's Terrasseneinkehr im Gehrner Hof (Juni–Okt., Tel. +43 5583 3602). Holzgauerhaus (Juli–Anfang Okt., Do Ruhetag, Tel. +43 664 4531613).
Unterkunft: In Lech und Warth. Gehrner Hof, Holzgauerhaus (siehe Einkehr).
Tipp: Einkehr in der höchstgelegenen Metzgerei und Sennerei Vorarlbergs, der Wälder Metzge in Warth.

Wir starten in **Lech (1)**, 1444 m, am zentralen **Rüfiplatz** an der gedeckten alten Lechbrücke und gehen das Sträßchen am Gasthof Post hinauf. Nach etwa 250 m links am Quellenhof vorbei erreichen wir den Waldrand (Ebra, 1480 m) und gehen links. Der Güterweg verläuft durch Wiesen und nahe des Waldes oberhalb von Lech mit Blick auf den Ort, Oberlech und das Karhorn. Wir passieren nacheinander den 3-Loch-Golfplatz, eine Grillstelle, den Seelenbaumler-Rastplatz und einen weiteren Rastplatz und kommen unterhalb eines Marterls zu einer Hütte mit roten Bänken. Anschließend queren wir auf einem Pfad den Walkerbach nach **Stubenbach**, wo am Ortsrand ein weiterer Grillplatz seine Dienste anbietet (40 Min.).
Nach kurzem Anstieg wandern wir etwa 15 Minuten mit Blick auf die Kapelle der ehemaligen Walsersiedlung Bürstegg auf einem bequemen, fast ebenen Weg, bis er sich mit einer S-Kurve zum Lech hin senkt. (Vor der Brücke über einen Seitenbach des Lechs zweigt ein Pfad zum Wirtshaus Bodenalpe (10 Min.) und einer Bushaltestelle auf der linken Lechseite ab.) Vom **Abzweig zur Bodenalpe (2)** und der Brücke über den Bach folgen wir weiter

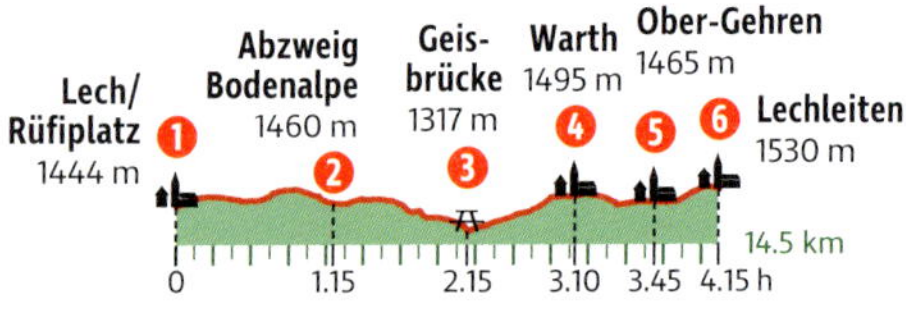

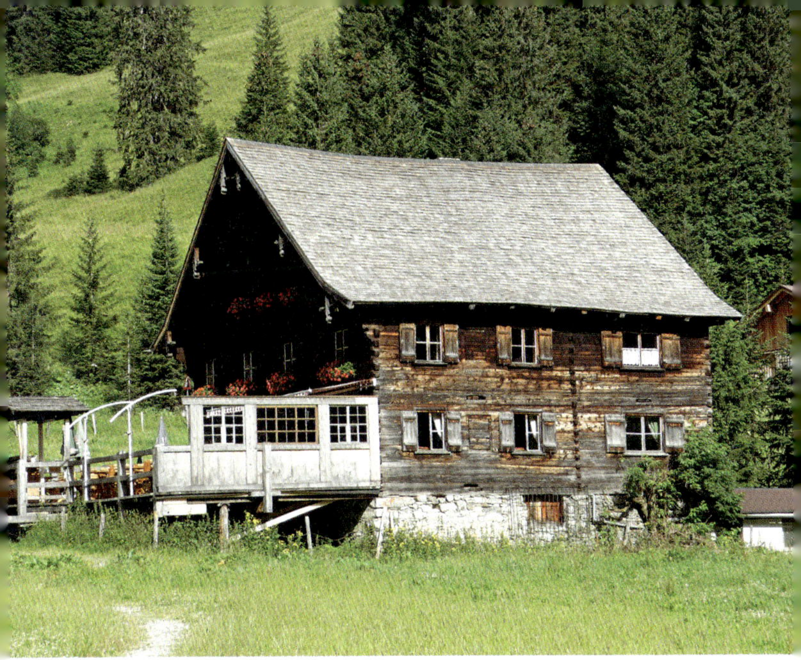

Bodenalpe.

dem Güterweg durch Wald und Almgebiete. Die Materialseilbahn von der L198 zur Tristeller Alpe wird unterquert. Etwa 30 Minuten ab Abzweig zur Bodenalpe endet der Weg auf einer Almweide und wird durch einen Pfad abgelöst.

Der Pfad führt auf Stufen in die Lechschlucht hinab, wobei zunächst ein Seitenbach gequert wird. Vom tiefsten Punkt wird uns ein Blick in die sehr enge Lechschlucht mit ihren senkrechten Felswänden gewährt. Die klaren Wasser des Lechs zeigen sich nun öfter, ihr Rauschen haben wir ständig im Ohr. Der Pfad senkt sich – mit Blick auf Warth – endgültig zum Lech hinab, den wir auf der hölzernen **Geisbrücke (3)**, 1317 m, überqueren (Rastplatz, Badeplatz, falls die Wassertemperatur es zulässt).

Wir arbeiten uns den Hang vom Fluss empor. An der ersten Kreuzung wäre es möglich, steil nach Warth aufzusteigen. Der Lechweg führt uns jedoch nach rechts auf einen schönen Umweg. Moderat geht es durch schattigen Hochwald bis zu einer Bank. Mit einer Spitzkehre gewinnen wir einen urigen Waldpfad, der zuletzt steil aufwärtsführt. Am Waldrand bietet eine schattige und aussichtsreiche Bank die beste Rastmöglichkeit vor Warth. Wir halten auf die

Kirche von Warth zu und gelangen zum kleinen Seebachsee (Relaxliegen, begrenzt reizvolle Bademöglichkeit, kein Schatten!). Am südlichen Seeufer entlang werden wir zur Straße und zur Straßenkreuzung in **Warth (4)**, 1495 m (Bushaltestelle, Einkehr unter anderem in der Wälder Metzge), geleitet.

i ***Warth – nordöstlichste Walsersiedlung in Vorarlberg***

Die Walsersiedlung Warth ist mit 1495 m die höchstgelegene und mit rund 160 Einwohnern die zweitkleinste Gemeinde in Vorarlberg. Warth-Schröcken nennt sich das schneereichste Skigebiet Europas. Die jährliche Niederschlagsmenge von etwa 1700 mm ist etwa doppelt so hoch wie im Durchschnitt in Deutschland. So entfallen bei ca. 24.000 Übernachtungsgästen ca. 120.000 Übernachtungen auf die Wintersaison gegenüber 11.000 Gästen mit ca. 32.000 Übernachtungen im Sommer. Die Durchschnittstemperatur im August beträgt 13 °C.

Waren die hohen Schneelagen früher ein Fluch für die Bauern und führten zur Aufgabe höher gelegener Siedlungen, wie z. B. in Hochkrumbach am Hochtannbergpass, so bildet der Schnee heute (noch) die Grundlage für den Skitourismus. Die Walser haben den Wald fleißig gerodet und in Almwiesen umgewandelt, was heute – bei allen damit einhergehenden ökologischen Problemen – dem Skilaufen zugutekommt. Auch Wanderer profitieren vom gut ausgebauten Wirtschaftswegenetz und Weitsichten über grüne Almen und felsige Bergspitzen.

In Warth wendet sich der Lech nach Osten und verlässt das Hochtal, um dem eigentlichen Lechtal in einer engen Schlucht zuzustreben. Die jenseits des Krumbach liegenden Siedlungen gehören, so nah an Warth, bereits zu Steeg und zum Land Tirol.

*Die **Warth Card** gewährt Übernachtungsgästen in Warth kostenfreien Zugang zu Sommerbergbahnen und Bussen, auch in Lech (außer Bus zum Formarinsee), sowie zu einigen touristischen Einrichtungen, außerdem kostenlose Teilnahme an geführten Wanderungen von Mitte Juni bis Anfang Oktober.*

***Tourismus Warth-Schröcken:** Tel. +43 5583 3515-0, warth-schroecken.at, info@warth-schroecken.com.*

An der Straßenkreuzung wenden wir uns Richtung Hochtannbergpass/ Schröcken, verlassen die Straße jedoch sehr bald und gehen zwischen der Kirche St. Sebastian und dem Walserhaus hindurch. Wir überqueren im Angesicht des Widdersteins die L200 und gehen – zuletzt auf einem Pfad – zum Krumbach hinab, der hier die Grenze zwischen Vorarlberg und Tirol bildet. Der Krumbach (20 Min.) wird auf einer kleinen Hängebrücke überschritten. Mit moderater Steigung wandern wir im Hang durch Almwiesen mit Blick auf Warth und das Karhorn im Süden sowie auf die markante Gestalt des Biberkopfs, 2599 m, des südlichsten Gipfels Deutschlands, vor uns im Osten nach Obergehren.

Lechschlucht bei Warth.

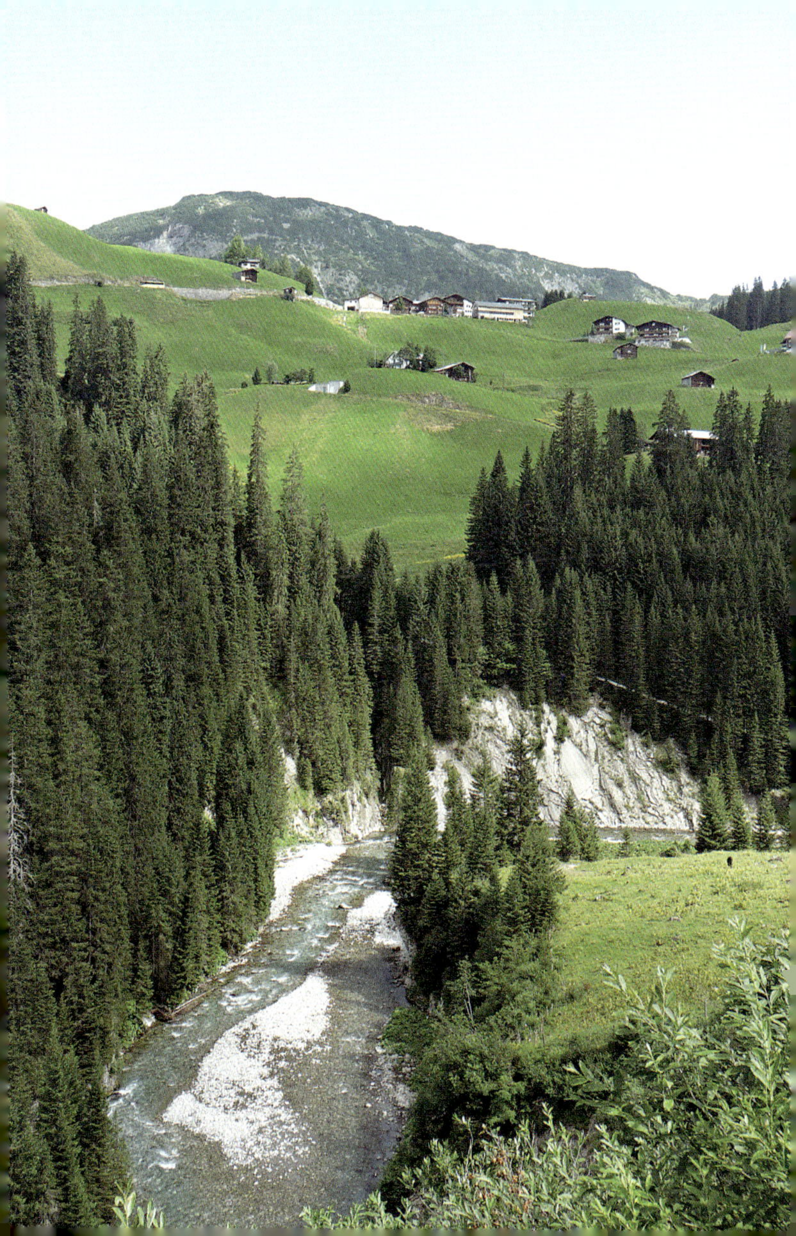

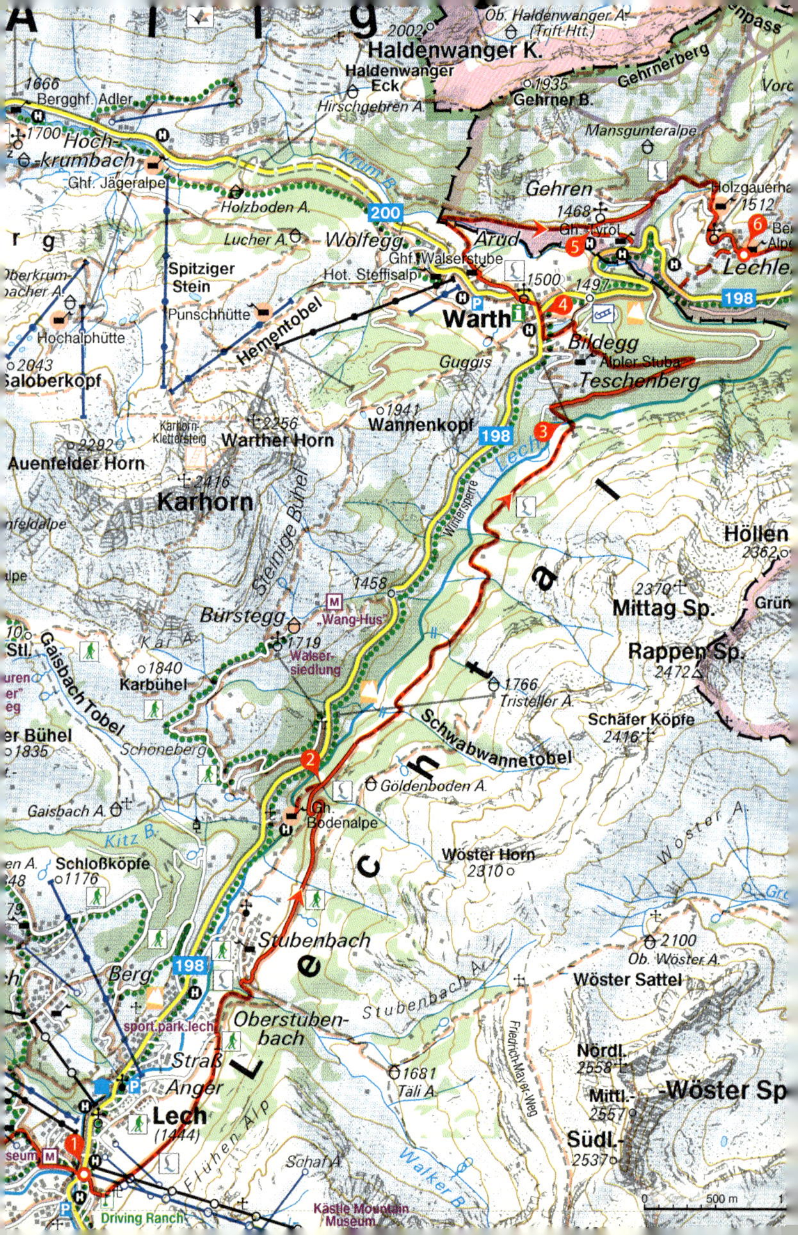
Haldenwanger K.
Ob. Haldenwanger A. (Trift Htt.)
Haldenwanger Eck
Hirschgehren A.
Gehrnerberg
Gehrner B.
Mansgunteralpe
Bergghf. Adler
Hoch-krumbach
Ghf. Jägeralpe
Krum B.
Holzboden A.
Gehren
Holzgauerhaus
Lucher A.
Wolfegg
Arud
Gh. Tyrol
Lechleiten
Ghf. Walserstube
Hot. Steffisalp
Spitziger Stein
Punschhütte
Hochalphütte
Hementobel
Warth
Bildegg
Älpler Stuba
Teschenberg
Guggis
Saloberkopf
Wannenkopf
Karhorn-Klettersteig
Warther Horn
Auenfelder Horn
Karhorn
Steinige Bühel
Wintersperre
Lech
Höllen
Mittag Sp.
Bürstegg
„Wang-Hus“
Walser-siedlung
Karbühel
Rappen Sp.
Tristeller A.
Gaisbach Tobel
Schäfer Köpfe
Schwabwannetobel
Schoneberg
Göldenboden A.
Gaisbach A.
Gh. Bodenalpe
Kitz B.
Wöster Horn
Schloßköpfe
Lechtal
Stubenbach
Berg
Ob. Wöster A.
Wöster Sattel
Stubenbach A.
sport.park.lech
Oberstuben-bach
Friedrich-Mayer-Weg
Straß
Nördl.
Anger
Täli A.
Wöster Sp.
Mittl.
Lech
Südl.
Fluhen Alp
Schaf A.
Walker B.
Driving Ranch
Kästle Mountain Museum
500 m

In **(Ober-)Gehren (5)**, 1465 m (35 Min. ab Warth, Einkehr), können wir am Rastplatz am Ortseingang eine Pause einlegen. Reizvoller ist wenige Schritte weiter eine Einkehr im Gehrner Hof auf der gemütlichen kleinen Lisl's Terrasseneinkehr (liebevoll unprofessionell gastfreundlich). (Wanderern, die mit dem Bus abreisen wollen, wird empfohlen, hier die Wanderung zu beenden und auf dem Sträßchen in weniger als 10 Minuten zur L198 in (Unter-)Gehren und zur dortigen Bushaltestelle »Gehren« abzusteigen.)
Ein Asphaltweg führt uns zu einer Holzhütte. Hier folgen wir dem Wegweiser »Lechleiten 15 Min.«. An einem Zollhaus vorbei führt ein Pfad zum Wirtshaus Holzgauerhaus (immer gut besucht, Parkplatz für Gäste). Die letzten etwa 400 m an einer Kapelle vorbei nach **Lechleiten (6)**, 1530 m (Hotels), legen wir auf dem Sträßchen zurück.
Am Ende der Siedlung und der Straße befindet sich ein kleiner Parkplatz, der im Sommer bei gutem Wanderwetter sonntags überfüllt ist, weil er Ausgangspunkt für die Besteigung des Biberkopfs und Zustieg zum Heilbronner Weg ist. Wer mit dem Bus zurückfahren will, geht – etwas Orientierungsvermögen wird vorausgesetzt – vom Parkplatz den Asphaltweg zu einem Bauernhaus hinab und nun – da der in Karten noch enthaltene Pfad nicht mehr genutzt wird und deshalb verschwunden ist – durch die Wiesen hinab zur bald hörbaren Straße und auf ihr rechts zur Bushaltestelle »Lechleiten«.

Almlandschaft bei Warth mit Biberkopf.

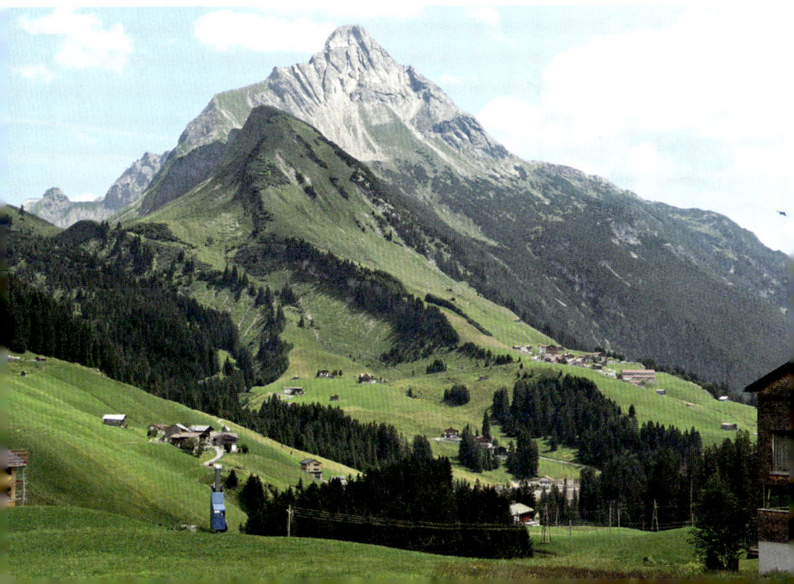

LS 1b Rund um das Karhorn

4.45 Std.
15,3 km

Auf historischen Wegen im Siedlungsgebiet der Walser

Angenehme Wege und Pfade leiten an zwei Seen vorbei durch die Almlandschaft des Lechquellengebirges.

Ausgangspunkt: Bergstation Steffisalpbahn in Warth, 1884 m (Anfang Juli–Mitte Okt., 9–12.30 und 13.30–16 Uhr). Alternativ: Von der Talstation der Markierung Lechschleife folgend ca. 400 m Aufstieg zum Wannensee.
Endpunkt: Talstation der Steffisalpbahn, 1520 m, Bushaltestelle, Parkplätze.
Höhenunterschied: Aufstieg 380 m, Abstieg 745 m.
Anforderungen: Gute Bergwege, teilw. Güterwege, Mittelgebirgsanforderungen.
Einkehr: Bürstegg (urig und sehr einfach). Untere Auenfeldalpe (Juli–Mitte Sept.). Hotel Körbersee (Anfang Juni–Mitte Okt., Tel. +43 5519 265). Gasthof Jägeralpe (Tel. +43 5583 4250) an der Hochtannbergstraße. In Warth.
Unterkunft: In Warth. Hotel Körbersee. Gasthof Jägeralpe (s. o.).
Tipps: Einkehr in Bürstegg. Rast am Körbersee.

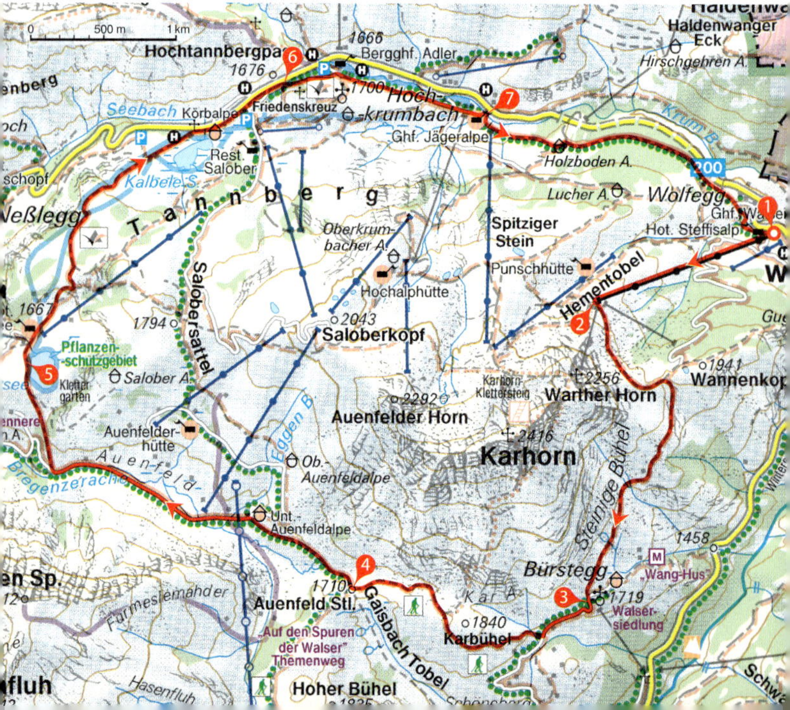

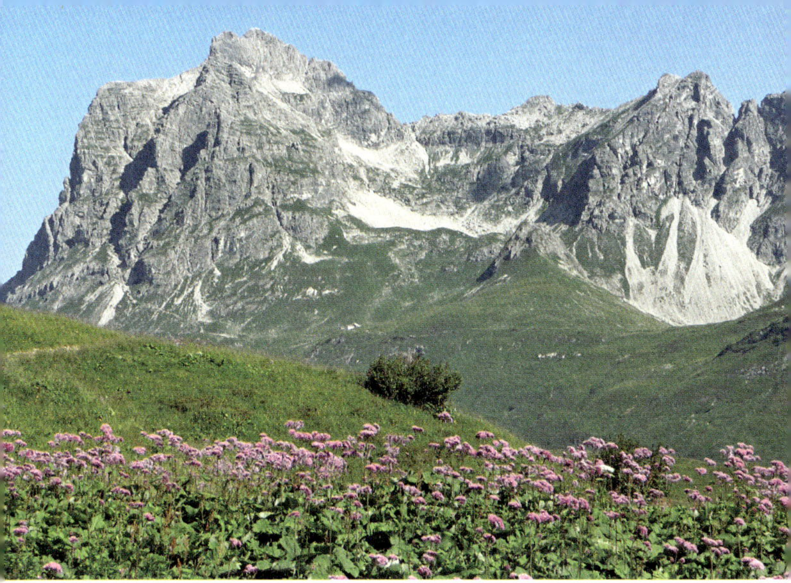

Ausblick auf die Allgäuer Alpen, Widderstein.

Wir fahren von der **Talstation des Steffisalp-Express (1)**, außerhalb von **Warth** an der Hochtannbergstraße (L200) gelegen, hinauf zur Steffisalpe. An der **Bergstation (2)**, 1884 m, wird die Zeit bis Bürstegg mit 1.30 Std. angegeben. Wir folgen dem leicht ansteigenden Weg unter dem Warther Horn und können nach ca. 15 Minuten einen Abstecher zum sehr kleinen **Wannensee** und zum Aussichtspunkt Wannenkopf, 1941 m, einschieben. Von dort steigen wir auf einem Bergpfad durch Almgelände ab nach **Bürstegg (3)**, 1719 m. Bürstegg war bis ins 19. Jh. eine kleine Dauersiedlung aus mehreren Höfen. Heute stehen nur noch die Kapelle und ein Walserhaus, das im Winter aufgegeben wird. (Einfache Einkehr; durch die Tür darf ein Blick auch in die gute Stube geworfen werden. Man probiere den von der Pächterin hergestellten Rosensaft!)
Wir umlaufen nun die Südwand des Karhorns. Nach ca. 30 Minuten Aufstieg und 15 Minuten Abstieg befinden wir uns am **Auenfeldsattel (4)**, 1710 m (Aussicht), der bis in das 19. Jh. ein wichtiger Übergang für einen Säumerweg der Walser war. Er ist auch Wasserscheide zwischen Bregenzer Ache/Rhein und Lech/Donau). Geradeaus kämen wir nach Oberlech. Wir biegen aber rechts ab und erreichen die **Untere Auenfeldalpe** auf einem Güterweg in 10–15 Minuten (Einkehr bei heimischen Produkten, kein Schatten, Bergkäse kann erworben werden).

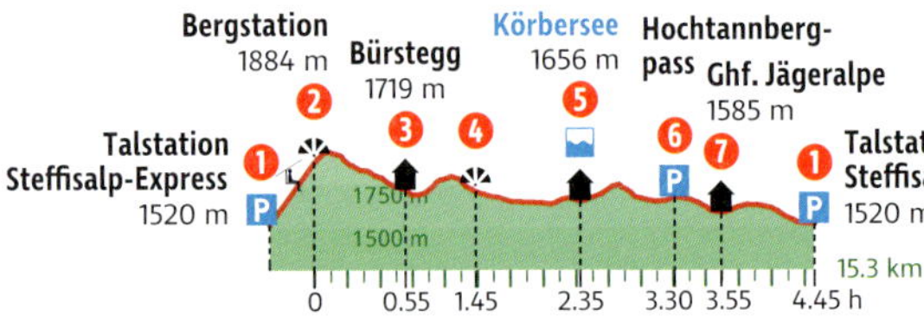

Von der Alpe führt ein Fahrweg durch das Tal der jungen Bregenzer Ache. Nach 20 Minuten biegen wir rechts auf einen Bergpfad ein und blicken 10 Minuten später hinab auf den idyllisch gelegenen **Körbersee (5)**, 1656 m (Bademöglichkeit), mit dem gleichnamigen Hotel (Einkehr). Der Große Widderstein, 2536 m, dominiert den Horizont. (Wer nicht zum Körbersee abzweigt, sondern im Tal der Bregenzer Ache bleibt, erreicht in 15 Minuten das Alpmuseum »Uf'm Tannberg« und kommt auch von dort zum Hotel Körbersee. Das Museum zeigt das Leben auf der Alm von vor 500 Jahren bis heute. Geöffnet: Juni bis Okt. So, Juli bis Mitte Sept. auch Di 13–16 Uhr.)
Vom Hotel Körbersee führt ein Touristenweg nach 15 Minuten Aufstieg an dem in einer Feuchtniederung liegenden **Kalbelesee** vorbei (Parkplatz, Bushaltestelle) und zum **Hochtannbergpass (6)**, 1676 m (Bus nach Warth und Lech). Auch der Pass bildet die Wasserscheide zwischen Nordsee und Schwarzem Meer. Der nun folgende Wegabschnitt entlang der Straße und von Parkplätzen, die im Winter die Autos der Skifahrer aufnehmen, ist wenig

Körbersee vor Großem Widderstein.

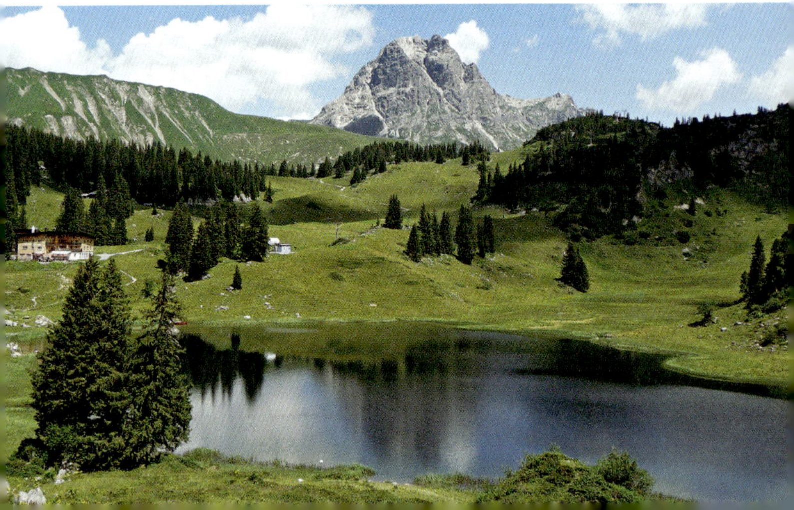

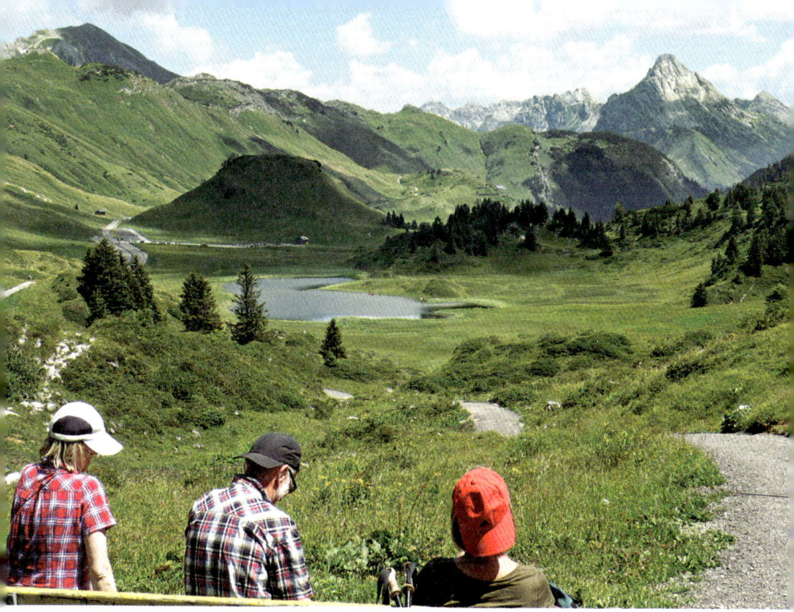

Kalbelesee mit Biberkopf.

reizvoll. Nach den Parkplätzen biegen wir rechts in einen Pfad ein, der am **Hotel Adler** (Einkehr) vorbeiläuft. Jenseits der Straße befand sich bis ins 19. Jh. die Walsersiedlung Hochkrumbach, die während der Kleinen Eiszeit gänzlich aufgegeben wurde.

Auf wechselnden Wegebelägen kommen wir zum **Gasthof Jägeralpe (7)**, 1585 m (80 Min. ab Körbersee, Bushaltestelle, Parkplatz). Zwischen uns und der Straße fließt der Krumbach. Wir befinden uns auf der Trasse der Alten Salzstraße, auf der Salz aus Hall in Tirol bis in die Schweiz und den Bodenseeraum transportiert wurde. Am Gasthof Jägeralpe steigen wir auf einem Pfad durch das Dreckloch zum Holzboden mit seiner noch stehenden alten Alpe auf, um die Schlucht des Krumbachs oberhalb zu umgehen. Die Autos auf der L200 verschwinden unter uns in einem Tunnel und in einer Galerie und mit ihr auch die Verkehrsgeräusche. Zum Ende unserer Runde um das Karhorn erleben wir einen Bergpfad, wie wir uns ihn vorstellen: schmal, ruhig, von blühenden Blumen umgeben und mit Weitblicken auf die südlichen Allgäuer Berge und ins Lechtal. Wenn wir am Rand der Besiedlung auf einen Asphaltweg treffen, folgen wir geradeaus dem unscheinbaren Pfad durch die Wiesen mit Blick auf die majestätische Gestalt des Biberkopfs und erreichen über einen Bach die **Talstation des Steffisalp-Express (1)**, 1520 m.

L3 Von Gehren/Lechleiten über Steeg nach Holzgau

4.45 Std.

16,6 km

Über eine Geländestufe hinab vom »oberen« in das »untere« Lechtal

Zunächst führt ein Panoramaweg vom oberen Lechtal über die Geländeschwelle, in die sich der Lech tief gefräst hat, aussichtsreich und ohne nennenswerte Gegensteigungen hinab nach Steeg und von dort durch die Lechaue bis Holzgau.

Ausgangspunkt: Für Busreisende: Bushaltestelle Gehren und gut zehnminütiger Aufstieg auf Straße nach Obergehren, 1465 m. Für Autofahrer: Von der L/B 198 zwischen Warth und Steeg zum Parkplatz am Ende von Lechleiten, 1530 m; an schönen Sommersonntagen bereits am späten Vormittag überfüllt, weil der Parkplatz auch als Ausgangspunkt für die Besteigung des Biberkopfs genutzt wird!
Endpunkt: Holzgau, 1103 m, an der B 198 Reutte – Steeg, Bushaltestellen.

Höhenunterschied: Aufstieg 215 m, Abstieg 640 m.
Anforderungen: Sich absenkende gute Wege und Pfade, ab Steeg eben.
Einkehr und Unterkunft: Gehrner Hof/Lisl's Terrassen (Juni–Okt., Tel. +43 5583 3602). Holzgauerhaus (Juli–Anfang Okt., Do Ruhetag, Tel. +43 664 4531613). In Steeg und Holzgau.
Tipp: Im Klettergarten Schrofenwies kann man die Kletterer in den Felsen beobachten.

Wer mit dem Bus anreist, startet zweckmäßigerweise in **Obergehren**, 1465 m (Rastplatz, Einkehr), weil der Lechweg hier günstig von der Bushaltestelle Gehren an der L/B 198 in gut 10 Minuten zu erreichen ist. Von dort geht es

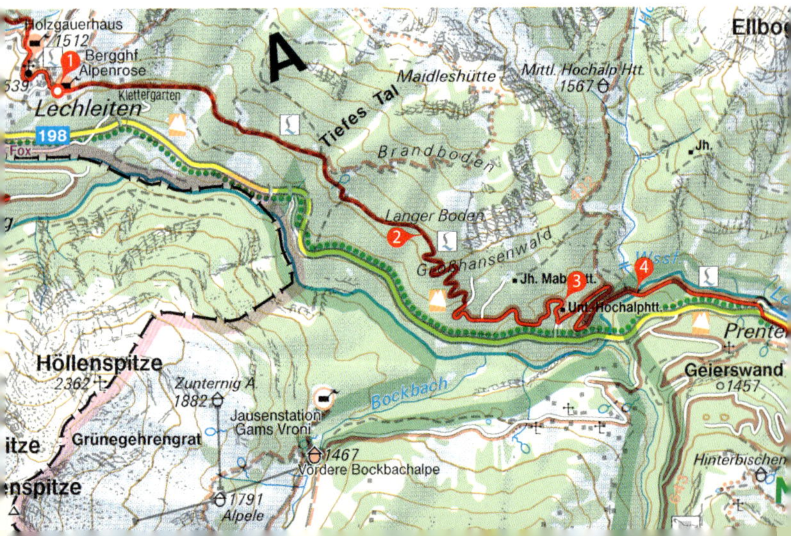

Lechleiten, Klettergarten Schrofenwies.

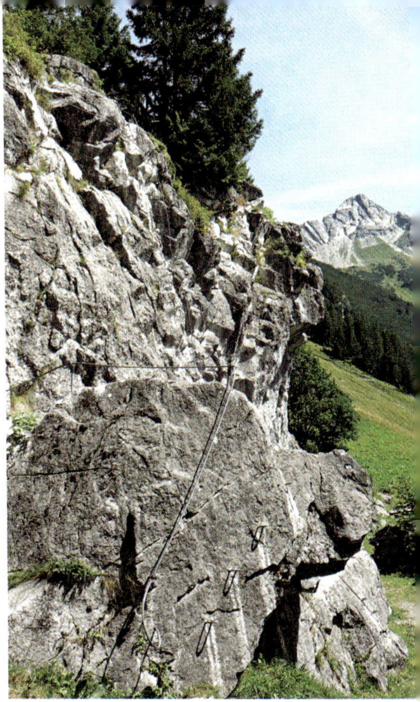

auf Asphalt bis zu einer Holzhütte, weiter auf Wegen und Pfaden an einem Zollhaus vorbei zum Wirtshaus Holzgauer Haus; ab hier auf der schmalen Zufahrtsstraße zum kleinen Wanderparkplatz am Ende von **Lechleiten (1)**, 1530 m (30 Min., Hotels, Parkplatz). (Genauere Beschreibung siehe Ende der Lechwegetappe L2!)

Autofahrer beginnen die Wanderung vom kleinen Parkplatz am Ende von **Lechleiten (1)**, 1530 m. Wenige Meter vom Parkplatz entfernt treffen wir auf den kleinen **Klettergarten Schrofenwies** mit Felsüberhang und kurzem Klettersteig »Spiderman«, ergänzt durch einen Grillplatz. Wir folgen nun mit Vergnügen über ca. 3 km einem Panoramaweg in der unteren Südflanke des Biberkopfs und im Mittel unge-

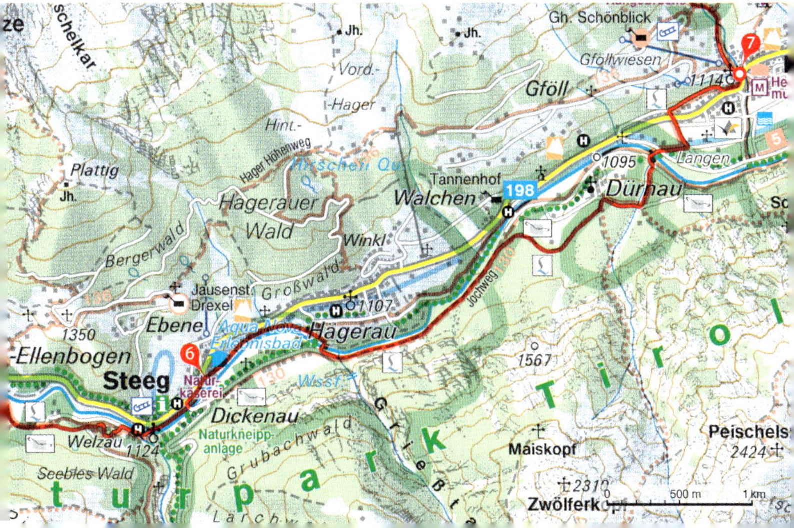

Lechweg Etappe 3

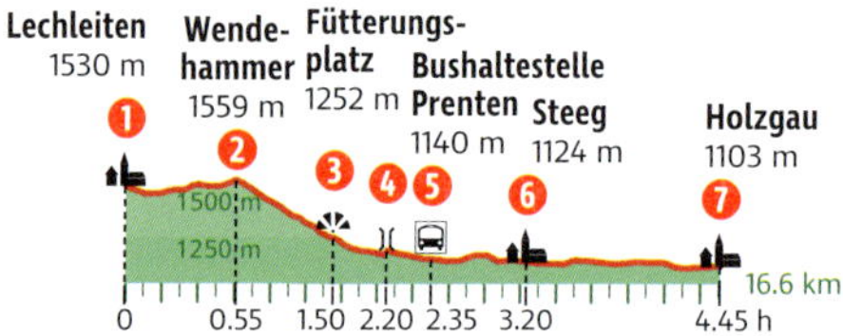

fähr 300 m über dem unsichtbaren Lech, der sich tief in die Kalkfelsen eingeschnitten hat. Zunächst durch die Schrofenwies, verläuft der angenehme Weg in leichtem Ab und Auf bald durch lockeren Nadelwald. Wir befinden uns auf einem alten Handelsweg. Unter uns erkennen wir einen Lawinenschutzdamm, der die B 198 schützen soll.

Nach etwa einer Stunde erreichen wir einen **Wendehammer (2)**, 1538 m, und steigen nun in vielen Kehren auf einem Schotterweg ab. An einem Rastplatz im Lechweg-Format genießen wir nochmals den Rückblick auf Warth und den Großen Widderstein. Nach etwa 20 Minuten treffen wir auf einen weiteren Schotterweg, dem wir abwärts folgen. Wenig später kommen wir, begleitet von einem übermäßig hohen Wildschutzzaun, zu einer Fütterungsstelle und nach weiteren 5 Minuten zu einem riesigen zweiten **Fütterungsplatz (3)**, 1252 m (Unteres Hochalphüttl). Die Straßenbrücke über den Lech tritt ins Blickfeld. Davon abgesehen ist der Weg ziemlich eintönig geworden. Da hilft nur ein gutes Gespräch mit dem Wanderpartner oder seinen Gedanken nachzuhängen. Nur 5 Minuten nach dem letzten Fütterungsplatz erreichen wir einen Lagerplatz in der Nähe der B 198.

Ab Lagerplatz benutzt der Lechweg die ehemalige Trasse der Landesstraße. In zwei Schleifen führt die alte Straße vorbei an einer Kletterwand zur **alten Straßenbrücke (4)**, 1185 m, über den Lech hinab. Dort sind wir nun

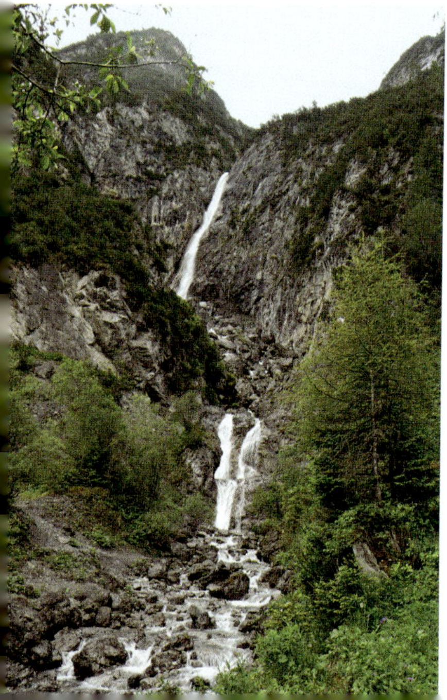

Griesbachwasserfall bei Steeg.

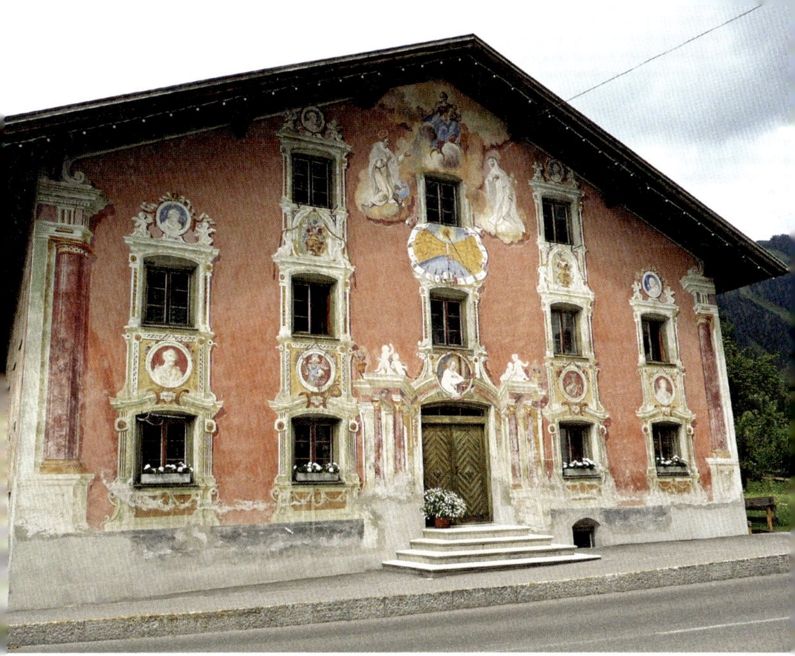

Lüftlmalerei in Holzgau.

dem Lech ganz nahe. Am rechten Lechufer geht es weiter. Die Teerstraße wird bedrängt und verengt: Links knabbern die Wasser des Lechs, rechts wird die Straße durch Steinschlag aufgefüllt und eine Felswand bereitet sich auf einen Felssturz vor.
Etwa 15 Minuten nach der alten Lechbrücke erreichen wir einen weiteren Lagerplatz mit Zugang zur B198, der also auch als Parkplatz genutzt werden könnte. Von dort sind es nur wenige Meter hinunter zur Fußgängerbrücke über den Lech. (Hierüber verläuft die Lechschleife LS2 über Ellenbogen nach Holzgau.) Der Lechweg überquert die Brücke jedoch nicht, sondern steigt vorher rechts auf einem Pfad zur Straße auf. Entlang der Straße wechseln wir nach 30 m die Seite, wo wir als Fußgänger ein wenig mehr Platz haben, uns sicherer fühlen und zur **Bushaltestelle Prenten (5)**, 1140 m, gelangen.
(Hinweis für Wanderer, die hier in den Bus einsteigen möchten: Die Bushaltestelle ist von der Straße schwer einsehbar. Die teilweise unhöflichen, im Umgang mit Kunden offensichtlich nicht geschulten Busfahrer rasen hier gerne vorbei, wo langsame Fahrt angesagt wäre. Es ist deshalb wichtig, an der Straße zu stehen und dem sich nähernden Linienbus Zeichen zu geben!)

Wir gehen dem Wegweiser folgend nach Prenten hinein. Danach geht es kurz durch eine Wiese, zur Straße hinab und sogleich rechts zu weiteren Häusern. Es folgt ein viel benutzter Viehtrieb mit einem dementsprechenden Bodenbelag. Für Wanderer ist hier eine Schleuse eingerichtet.
Um die Wanderung spannender zu gestalten, weicht der Lechweg vom Hauptweg (dem an dieser Stelle auch weiter gefolgt werden könnte) ab und steigt an einem Bauernhof in Welzau als Pfad in den Wald auf und kehrt auf einem Schotterweg hinab zum Hauptweg zurück.
Nachdem wir die Kirche von **Steeg (6),** 1124 m (45 Min. ab Prenten, Bushaltestelle, Einkehr), passiert haben, führt ein Pfad zum Lech abwärts. Noch vor dem Hotel Stern wechseln wir auf die linke Seite des Flusses und laufen auf dem Gehweg an der Straße entlang durch den Ort. Die Käserei Sojer mit Milchstüberl bildet eine außergewöhnliche Einkehrmöglichkeit.

i Steeg

Steeg (1124 m, ca. 680 Einwohner) ist die letzte Gemeinde im Tiroler Lechtal an der Grenze zu Vorarlberg. Die Ortsteile Gehren und Lechleiten liegen bereits im oberen Lechtal. Steeg verfügt über das Hallenbad Aqua Nova mit Saunawelt, Café/Restaurant (Ermäßigung mit Lechtal Aktiv Card, Mo Ruhetag, aquanova.at, Tel. +43 5633 5254). Naturkäserei Sojer mit Milchtrinkstube. Hausers Bauernladen und Imbissstube (Tel. +43 676 3825159).
***Unterkunft:** Hotel Stearawirts Hauserei (3 Sterne, ruhig gelegen, Wellnessbereich, gute Küche, AMA-Gastrosiegel, Tel. +43 5633 5644, hauserei.at, info@hauserei.at). Hotel Post (4 Sterne, zentral an der B 179, umfassender Wellnessbereich, Tel. +43 5633 5307, poststeeg.at, hotel@poststeeg.at).*
***Information:** Lechtal Tourismus/Ortsstelle Steeg, im Hallenbad Aqua Nova, Tel. +43 5633 5306, steeg@lechtal.at.*

Vor dem Gemeindeamt queren wir über einen Parkplatz zum Lechufer und passieren das Erlebnisbad Aqua Nova. Ein schöner Weg leitet entlang der Ufervegetation bis wir – bereits auf der Gemarkung Hägerau – angesichts des **Griesbach-Wasserfalls** an das rechte Ufer wechseln. An diesem idyllischen Platz befinden sich ein Rastplatz und hundert Meter weiter eine **Kneipp-Anlage** (15 Min.). Auf dem Jochweg werden uns 1.15 Stunden bis Holzgau angezeigt.
Ein Pfad schlängelt sich am Fluss entlang, wobei mehrere Schuttreißen zu einem leichten Auf und Ab zwingen. Ein Waldweg schließt sich an, entfernt sich vom Lech und umgeht die kleine Siedlung Dürnau. Wir überqueren einen Bach auf einem Holzsteg und wandern auf sehr schönem Waldpfad am Bach entlang. Bereits auf einem Güterweg, überqueren wir den Lech und nähern uns durch Auwiesen Holzgau. Nachdem wir die B198 gekreuzt haben, steigen wir einige Meter weiter, wenden uns nach rechts und gelangen zuletzt über einen aufsteigenden Pfad nach ungefähr 500 m zur Kirche, zum

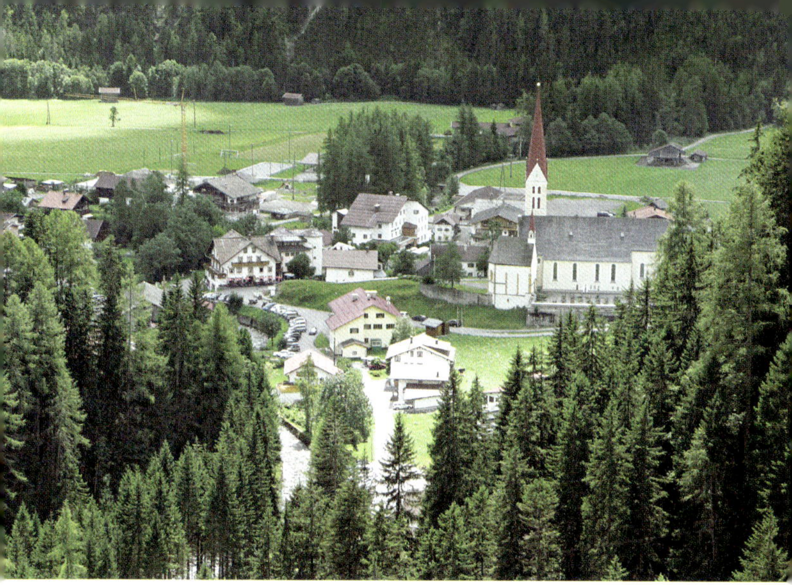

Blick auf Holzgau.

Eingang in das Höhenbachtal und zum Ortszentrum von **Holzgau (7)**, 1103 m (Einkehr, Parkplätze an der Kirche und hinter dem Gemeindeamt, Bushaltestellen).

i Holzgau

Der am Ausgang der wildromantischen Höhenbachschlucht gelegene Ort Holzgau (1103 m, ca.440 Einwohner) bezeichnet sich zu Recht als »Die Perle des Lechtals«. Spätbarocke Lüftlmalerei ziert so manche Hausfassade und zeugt vom Wohlstand früherer Zeiten. Die Höhenbachschlucht mit dem Simms-Wasserfall und der bis 2015 längsten Hängebrücke Österreichs bildet eine wanderbare Attraktion. Die Pfarrkirche Mariä Himmelfahrt enthält Altarbilder von Johann Jakob Zeiler und die benachbarte Sebastiankapelle von 1497 sogar Fresken aus ihrer Erbauungszeit. Freies Parken hinter dem Gemeindeamt.

Die Schaubrauerei des Ortes bildet ein alternatives Freizeitangebot. Neben dem zentral an Start und Ziel des Lechwegs gelegenen Gasthof Bären (Wellnessbereich, gutes Restaurant, Tel. +43 5633 5217, baeren@holzgau.net) bietet Holzgau eine erfreuliche Auswahl an guten Hotels und Pensionen.

Information: *Lechtal Tourismus/Ortsstelle Holzgau am Gemeindeamt, Tel. +43 5633 5356, holzgau@lechtal.at.*

LS 2 Zwischen Steeg-Prenten und Holzgau

5.00 Std.
16,8 km

Auf der Sonnenseite des Lechtals mit Variante Hängebrücke

Diese Lechschleife verläuft durch die bewaldeten südexponierten Hänge des Lechtals zwischen Steeg-Prenten und Holzgau. Der Rückweg, überwiegend durch die Flussaue, entspricht dem Lechweg L 3 in Gegenrichtung.

Ausgangspunkt: Offizieller Startpunkt ist Steeg, 1124 m, Bushaltestelle Steeg Dorf; Parkplatz zwischen Gemeindeamt und Käserei Sojer. Andere Einstiegspunkte möglich. Wir beschreiben diese Lechschleife mit Beginn in Prenten, 1140 m, Bushaltestelle oder Parken 250 m rechts Richtung Warth. So kann man den Rückweg durch das Tal auslassen, wenn man diesen Lechwegabschnitt bereits erwandert hat. Rückfahrt mit Buslinie 110.

Höhenunterschied: 630 m.
Anforderungen: Am Beginn 200 Höhenmeter Aufstieg, dann Wege und Pfade im Hang über dem Lechtal. Rückkehr ab Holzgau fast durchgehend eben.
Einkehr: In Steeg. In Steeg-Ebene Hotel Bergmahd (Tel. +43 5633 51209). In Holzgau.
Unterkunft: Siehe Lechwegetappe L3, Infoboxen Steeg, S. 56, Holzgau, S. 57.
Tipp: Begehen der Hängebrücke.

i **Vorbemerkung:** *Die Lechschleife 2 ist ein Rundwanderweg. Der südliche Teil entspricht zwischen Holzgau und Prenten der Lechwegetappe von Lechleiten nach Holzgau – nur in Gegenrichtung. Angesichts vieler sonstiger attraktiver Wandermöglichkeiten wird kaum jemand diesen sehr leichten Weg doppelt gehen wollen. Diese Wegbeschreibung beschränkt sich deshalb auf den bergigen und aussichtsreichen Abschnitt, der auch als Alternative zum Lechweg durch die Aue gewählt werden kann. Für den Rückweg gibt es hier nur eine Kurzbeschreibung.*

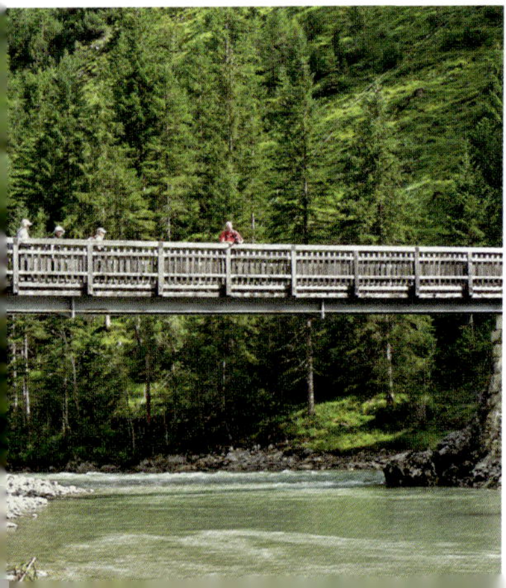

Wir beginnen die Wanderung an der **Bushaltestelle Prenten (1)**. Autos können 250 m weiter talaufwärts zwischen B 198 und Wald abgestellt werden (kein offizieller Parkplatz). Wir gehen mit der Lechwegmarkierung 150 m entlang der B 198 Richtung Warth und steigen rechts auf dem Pfad hinab bis zum **Bocksteg** über den Lech, wo wir den Lechweg bereits verlassen haben. Jenseits des Bockstegs nehmen wir rechts den leicht ansteigenden Waldweg

Der Bocksteg bei Prenten.

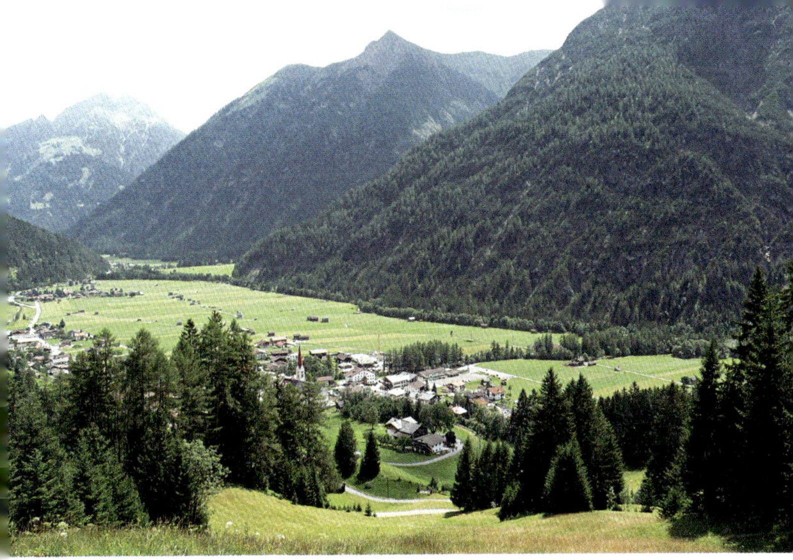

Blick ins Lechtal.

(nicht den Pfad am Ufer!). In einer Linkskurve wird der Weg steil, quert bald die kleine Schlucht eines Baches und windet sich weiter empor. Dann geht es fast eben auf fußschmalem Pfad durch einen sehr steilen Grashang mit Lawinenverbauungen. Entlang einer Schafweide passieren wir eine (nicht erreichbare) Hütte und ein Kreuz, bevor mit einem letzten kurzen Aufschwung an drei **Funkmasten (2)** ein Sträßchen erreicht wird. Dieses gehen wir fast einen Kilometer zum Steeger Ortsteil **Ebene (3)**, 1233 m (Jausenstation Drexel, Di Ruhetag), hinunter.

Ziemlich am Beginn von Ebene wählen wir den **Höhenweg Hager – Holzgau** (17/11), der mit einer Wanderzeit von 2 Stunden angekündigt wird. Hinter einem Weidegatter erwartet uns ein schöner aufwärtsführender Waldpfad mit Ausblicken auf Steeg. Nach fast 30 Minuten stoßen wir auf einen Schot-

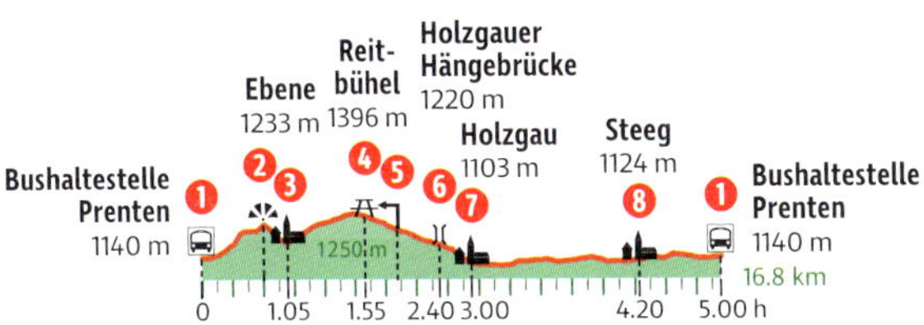

terweg, folgen ihm rechts und wenden uns an der nächsten Verzweigung nach links weiter auf besagtem Höhenweg (1.30 Std. bis Holzgau). Die Lechschleife nutzt im unteren Hang des Muttekopfs einen Waldweg, dann einen Pfad durch Wald und über Almwiesen. Etwa 1 Stunde vor Holzgau treffen wir am **Reitbühel (4)**, 1396 m (Rastplatz, Aussicht), auf eine Hütte und auf Aussichtsbänke, die sich zur Rast eignen. Sogleich danach steigen wir kurz ab, um den eingeschnittenen Hagerbach zu queren.
Anschließend leitet ein bequemer Weg durch den Gföllerwald. Der Gföllweg führt auf Asphalt direkt nach Holzgau hinab. Wir folgen aber links dem **Wegweiser »Hängebrücke« (5)**, 1310 m, auf schönerem Weg. Immer geradeaus begehen wir einen Weg, einen schönen Pfad und leicht abwärts einen Asphaltweg bis zum westlichen Widerlager der **Holzgauer Hängebrücke (6)**, 1220 m (Rastplatz). Die Lechschleife führt von hier in ca. 15 Minuten auf Asphalt direkt nach Holzgau hinab. Wir lassen uns aber das Vergnügen nicht entgehen, über die schwankende Brücke das Höhenbachtal zu überqueren. Auf der Ostseite erwartet uns ein großer überdachter Rastplatz.

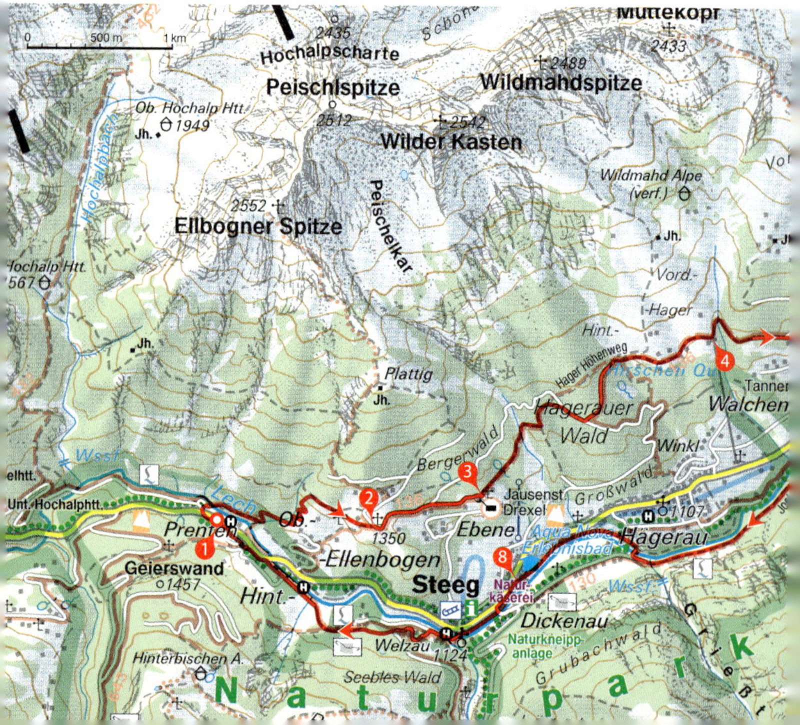

Es bieten sich mehrere **Varianten** an, um nach Holzgau zu gelangen:

- Der Mühlwaldweg führt in die Höhenbachschlucht hinab und in 30 Minuten nach Holzgau.
- Der Weg über den Schiggen in 45 Minuten hinab empfiehlt sich besonders bis spätestens Mitte Juni, wenn noch vor dem ersten Grasschnitt die Wiesen in prächtiger Blüte stehen.
- Am eindrucksvollsten ist der etwa 75 Min. lange Weg über das empfehlenswerte Café Uta durch die Höhenbachschlucht mit dem Simms-Wasserfall, dessen Kräfte

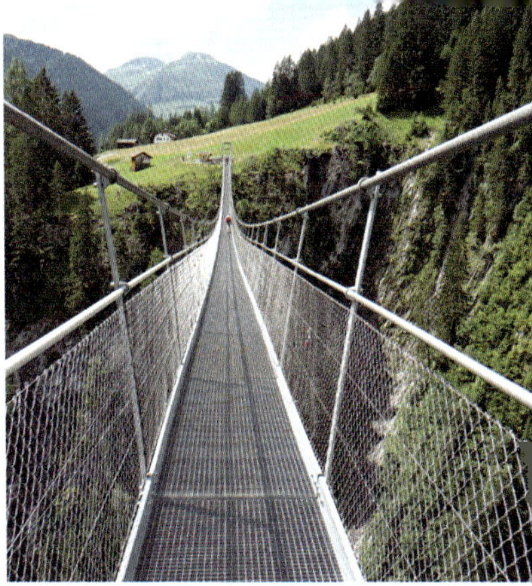
Holzgauer Hängebrücke.

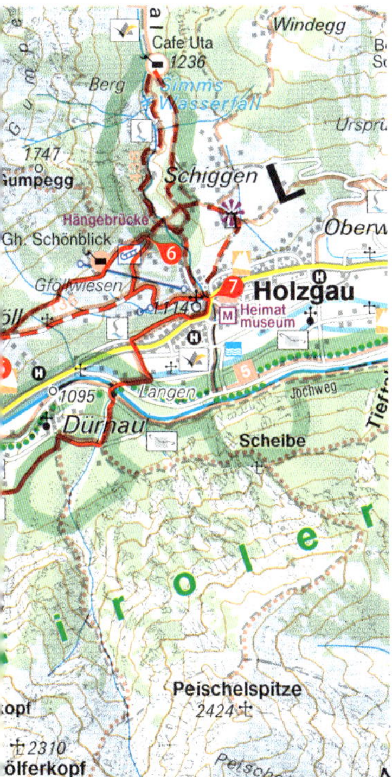

jedoch in trockenen Sommern nachlassen, nach **Holzgau (7)**, 1103 m (Einkehr, Bushaltestellen).

Der **Rückweg von Holzgau** erfolgt schließlich durch die Lechaue nach Steeg-Prenten. Die Lechschleife folgt der 3. Etappe des Lechwegs in Gegenrichtung (siehe Beschreibung L3). Wir orientieren uns also an der Lechwegmarkierung: Von der Kirche in Holzgau steigen wir auf einem Pfad nach Westen ab, queren die B 198, die Lechaue und den Lech und wandern über einen verwurzelten Pfad an einem Bach aufwärts. Dürnau umgehen wir südlich und folgen dem Jochweg über eine Kneippanlage bis zum Griesbach-Wasserfall (Rastplatz). Dort wechseln wir auf das in Fließrichtung linke Lechufer nach **Steeg (8)**, 1124 m (Einkehr). Von dort ist es noch fast 1 Std. bis zum Ausgangspunkt in **Prenten (1)**. Alternativ kann man den letzten Abschnitt mit dem Bus zurücklegen.

L4 Von Holzgau über Bach nach Elbigenalp

4.15 Std.
13,6 km

Ein kleines Bergabenteuer

Ereignisreiche Lechwegetappe von Holzgau durch das Höhenbachtal mit dem Simms-Wasserfall und über den Seesumpf nach Bach hinab sowie Auslaufen am Lechufer. Zusätzlich: eine kleine Runde über die Holzgauer Hängebrücke (1.15 Std.).

Ausgangspunkt: Holzgau, 1103 m. Erreichbar: Buslinie 110 Reutte–Warth/Lech, Haltestelle Holzgau Dorf. B 198 Reutte–Warth/Lech. Parken: am Gasthof Bären am Ausgang der Schlucht oder südlich davon am Dorfplatz/Tourist-Information.
Endpunkt: Elbigenalp, 1060 m. Buslinie 110, Haltestelle Hotel Alpenrose. B 198 Reutte–Warth/Lech. Parken B 198 Schnitzschule in Höhe Bernhardsbach.
Höhenunterschied: Aufstieg 480 m, Abstieg 520 m.
Anforderungen: Abstieg nach Bach bei Nässe Trittsicherheit erforderlich, sonst leichte Wege und Pfade.
Einkehr: In Holzgau. Café Uta (Mitte Mai–Mitte Okt., Mi Ruhetag, Tel. +43 676 845413100). Lechtaler Hexenkessel (Ende Mai–Mitte Okt., Mi Ruhetag, Tel. +43 676 9048644). Berggasthof Klapf (Di Ruhetag, Tel. +43 5634 6349). In Bach.
Unterkunft: Siehe Infobox Holzgau, S. 57, Infobox Bach, S. 67.
Tipp: Mit der Jöchelspitzbahn zum Berggasthof Sonnalm und in 30 Minuten zum Bergheumuseum oder weiter über die Jöchelspitze und den Panoramaweg zur Bernhardseckhütte, zurück über Alpenrosenweg (Tagestour).

Exkurs: Kleine Runde über die Hängebrücke (1.15 Std.): Der offizielle Lechweg führt nicht über die Hängebrücke, sondern unter ihr hindurch durch die Höhenbachschlucht mit dem sehenswerten Simms-Wasserfall. Eine Einbeziehung der Hängebrücke in die Lechweg-Route nach Elbigenalp ist nur als Stichweg durch den Mühlwald möglich. Deshalb wird hier zu der relativ kurzen Lechwegetappe von Holzgau nach Elbigenalp eine kleine Runde über die Hängebrücke als Kurzwanderung zusätzlich angeboten. Allerdings haben Wanderer auf der Lechschleife LS 2 Steeg – Holzgau die Möglichkeit, die Hängebrücke als Variante zu begehen (siehe dort).
Es wird empfohlen, die Kurztour über die Holzgauer Hängebrücke im Uhrzeigersinn zu begehen: Startpunkt ist (wie auch beim Lechweg) der **Gasthof**

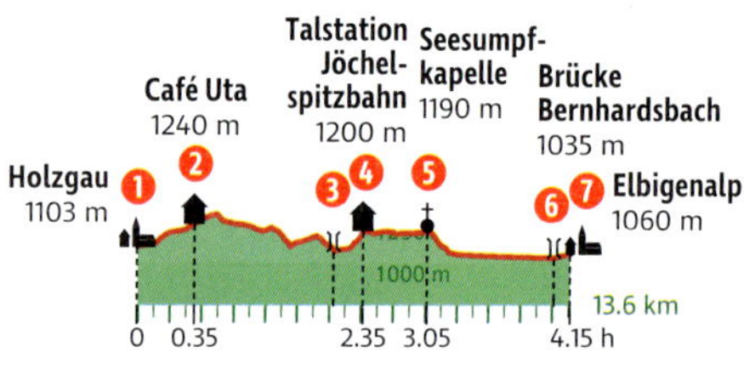

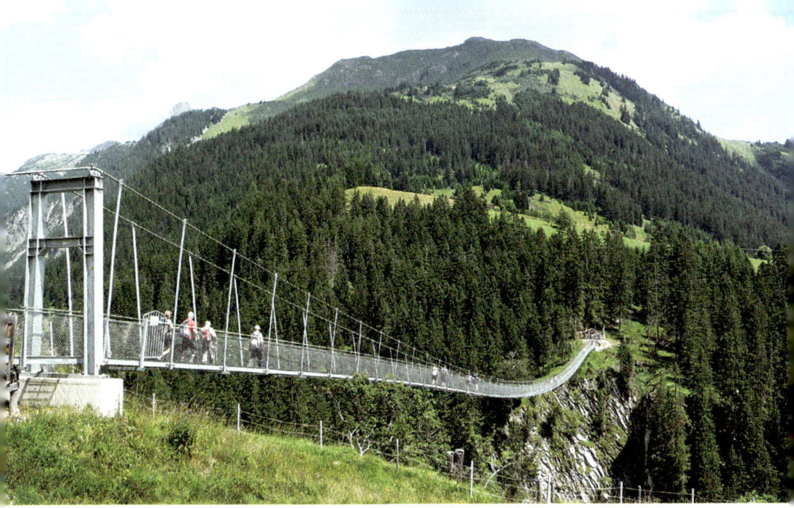

Die Holzgauer Hängebrücke.

Bären (Bushaltestelle unweit an der Ortsstraße) unterhalb der Kirche im Ortszentrum. Wir folgen der Wegweisung zur Hängebrücke nördlich der Kirche und steigen moderat durch die Wiesen im **Gföll** auf und erreichen die Brücke innerhalb von 30 Minuten. Nach der schwankenden Überschreitung der Brücke steigen wir im Mühlwald auf (wo wir bereits nach Holzgau absteigen könnten) und wenden uns, oben am Waldrand angekommen, scharf rechts. Das weiße »L« des Lechwegs begleitet uns durch die blühenden Wiesen des Schiggen, bis ein Wegweiser uns rechts Richtung Holzgau schickt. Am Lusthäuschen an der Aussichtswarte können wir rasten und die Aussicht ins Lechtal und auf die Lechtaler Alpen genießen. Von dort steigen wir auf steilem Pfad nach Holzgau ab. Nach ca. 1.15 Stunden sollten wir uns wieder auf dem Boden des Lechtales befinden.

i Holzgauer Hängebrücke

Die Holzgauer Hängebrücke wurde im Jahr 2011 erbaut und war bis zur Eröffnung der highline 179 im Jahr 2015 die längste und höchste Hängebrücke Österreichs. Heute ist sie die längste kostenfrei begehbare Hängebrücke. Sie überspannt mit einer Länge von 200 Metern und in einer Höhe von 110 Metern die wildromantische Höhenbachschlucht. Zwei Tragseile von 50 mm Durchmesser tragen fast 23 Tonnen Eigengewicht und bis zu 630 Personen. Jeder kann sich dieser grundsoliden Konstruktion anvertrauen. Die Brücke wird nachts durch LED beleuchtet und ist auch im Winter begehbar. An beiden Enden befinden sich komfortable Rastplätze.

Startpunkt der Lechwegetappe L4 ist wiederum der Parkplatz am Gasthof Bären unterhalb der Kirche in **Holzgau (1)**, 1103 m. Die Bushaltestelle befindet sich in der Nähe an der B198. An der Volksschule vorbei gehen wir am Bach aufwärts in das Höhenbachtal hinein. Die Hängebrücke ist als schmaler Streifen zu erkennen. Zwischen senkrechten Felswänden wandern wir auf einem Güterweg unter der Hängebrücke hindurch. Weiter im Tal gehen wir auf die stürzenden und gischtenden Wassermassen des Simmswasserfalls zu. Der Höhenbach teilt sich an einem Felsen und ergießt sich in zwei Strängen in die Tiefe.

Simms-Wasserfall

Der Simms-Wasserfall ist teilweise künstlicher Natur, denn der Namensträger Sir Frederik Simms, ein reicher Jagdpächter in diesem Gebiet, ließ um 1900 den Wasserlauf des Höhenbaches durch eine Sprengung verändern, um den Wasserfall noch imposanter erscheinen zu lassen. An den Felsen zu beiden Seiten des Wasserfalls verläuft ein kleiner Klettersteig.

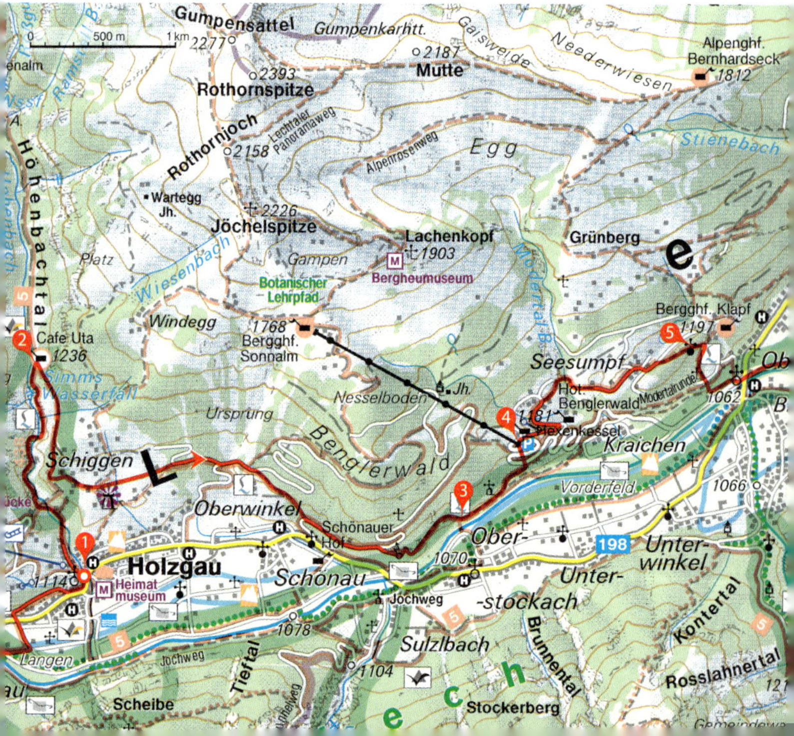

Nachdem der Höhensprung am Wasserfall überwunden wurde, ist nach 35 Minuten das **Café Uta (2)**, 1240 m, erreicht. Eine Rast bietet sich an (mittwochs Ruhetag!). Von hier wandern wir nun auf einem Steig wieder aus der Schlucht hinaus und gewinnen allmählich an Höhe. Nach etwa 15 Minuten weist ein Wegweiser rechts auf einen Pfad durch den Mühlwald zur Hängebrücke. Es ist eine kleine Pfadschleife, die wieder zu unserem Weg zurückführt. Wer nicht mehr zur Hängebrücke möchte, kann also auf dem Weg bleiben.

Danach finden wir Vergnügen, in leichtem Gefälle durch die bunt blühenden Wiesen des **Schiggen** zu spazieren. Feuchte Stellen werden dreimal mithilfe stabiler Holzstege überwunden. Danach leitet ein Forstweg durch Fichtenwald, der auch die Heimat von Kühen ist, bis ein Pfad rechts hinab abzweigt. Sehr bald treffen wir an aussichtsreicher Stelle auf einen Lechweg-Rastplatz. Es folgen ein aufwärts verlaufender Güterweg und rechts ein kurzer Waldweg zu einer Sendeanlage. Von dort steigt ein Pfad teilweise in Serpentinen zu einem Aussichtspavillon oberhalb von Stockach und weiter bis zur gedeckten **Stockacher Lechbrücke (3)**, 1075 m, ab.

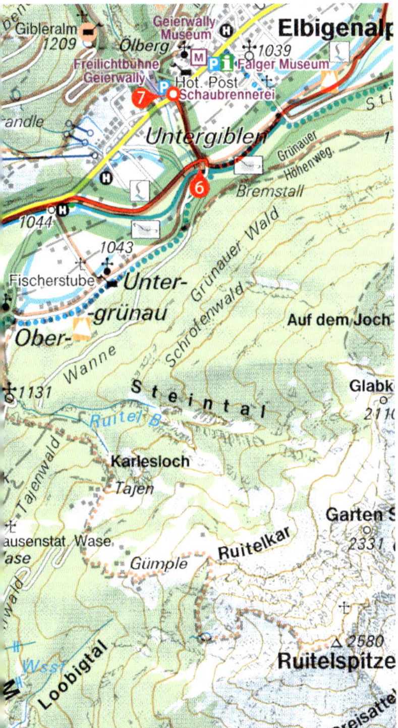

Wir überschreiten die Brücke nicht, sondern folgen dem Pfad am linken Lechufer gut 300 m weit. Während weiter am Ufer entlang der Ort Bach nach etwa 2 km erreicht werden könnte, steigen wir auf dem Josef-Anton-Koch-Weg in ca. 30 Minuten zur Talstation der Jöchelspitzbahn auf. Dieser Weg wird zunehmend steiler und schneidet zuletzt in Kehren die Serpentinen der Straße zu den Lechtaler Bergbahnen ab. An der **Talstation (4)**, 1200 m, kann im »Lechtaler Hexenkessel« (Mittwoch Ruhetag) eingekehrt werden.

Mit der Lechtal Aktiv Card könnten wir – als zusätzlichen Abstecher – kostenfrei zur Sonnalm, 1763 m (Mitte Mai bis Mitte Oktober täglich von 9 bis 22 Uhr geöffnet), hinauffahren und über den Botanik-Lehrpfad das Bergheumuseum besuchen).

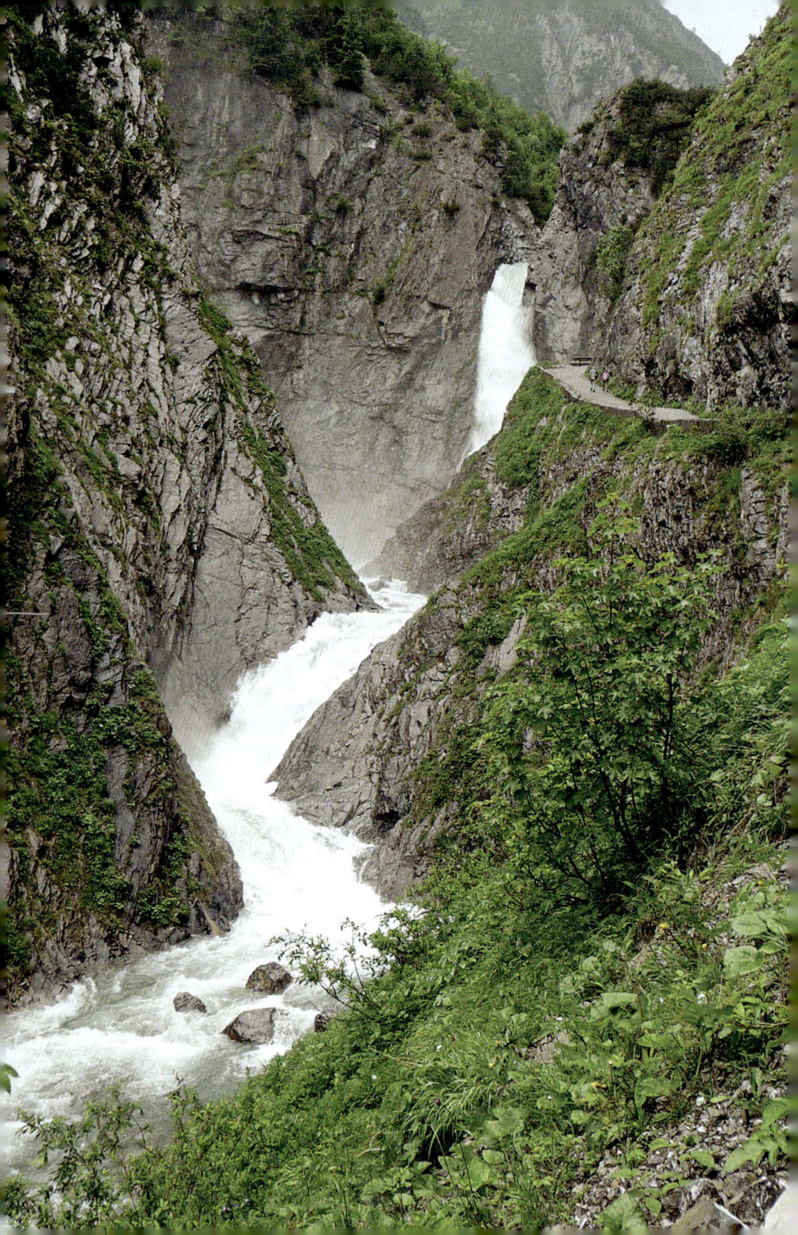

Zwischen Talstation und Hexenkessel hindurch wird uns der Weg zum **Seesumpf** in 30 Minuten angezeigt. Auf Teer geht es im Zickzack durch die Wiesen. Ab einem kleinen **Edelweißgarten** zur Rechten folgt ein Grasweg, der sich sehr bald zu einem Pfad verengt und in die Schlucht des Modertalbaches hineinläuft. Wir queren den tief unter uns tosenden Bach auf einer Brücke. Wege durch Wiese – Wald – Wiese schließen sich an. Gut 200 m nach dem Haus Bergfrieden steigen wir auf einem Pfad zur **Seesumpfkapelle (5)**, 1190 m (nette Rastmöglichkeit), auf und wieder ab.
Im Abstieg wird uns sehr bald ein kurzer Abstecher zum Berggasthof Klapf angeboten. Zu diesem Zeitpunkt unserer Wanderung ist dies ein verführerisches Angebot zur Einkehr bei prächtiger Aussicht. Wir setzen unseren Abstieg auf schmalem Pfad (Achtung bei Nässe! Viele glatte Wurzeln!) bis zur Lechbrücke von **Bach**, 1062 m (Bushaltestelle, Einkehr-und Übernachtungsmöglichkeiten), fort.

***i* Bach**

Markantes Wahrzeichen von Bach (1062 m, ca. 650 Einwohner) ist die 2009 erbaute Schrägseilbrücke über den Lech. Darüber erhebt sich hochwassersicher die Pfarrkirche mit barocker Ausstattung. Der Ort erstreckt sich quer über das Lechtal bis zum Eingang in das Madautal, wo die Geierwally einst den Adlerhorst aushob. Ein beheiztes Freibad gibt es zwischen Bach und Elbigenalp an der B 198 (Tel. +43 5634 6585).
***Unterkunft:** Hotel Post (4 Sterne, zentrale Lage, Wellnessanlage, Tel. +43 5634 6345, hotelpost-bach.at, info@hotelpost-bach.at). Wanderhotel Grüner Baum (3 Sterne Superior, Wellnessbereich, Tel. +43 5634 6343, gruenerbaum.at, robert@gruenerbaum.at). Pension Johannes (günstiges Preis-Leistungs-Verhältnis, freundlich-helle Zimmer, oft ausgebucht, Tel. +43 5634 63621, pension-johannes.at, info@pension-johannes.at).*
***Information:** Lechtal Tourismus, Tel. +43 5634 5315, info@lechtal.at.*

Am nördlichen Ende der **Lechbrücke in Bach** steigen wir an das linke Ufer ab. Wir wandern durch Weidegebiet und passieren das Schwimmbad in Obergiblen, Ortsteil von Elbigenalp. Danach nutzen wir wenige Hundert Meter den Radweg entlang der B 198, bevor wir wieder in die Auenlandschaft eintauchen. Nach gut 3 km ab Bach überschreiten wir die ästhetische **Brücke über den Bernhardsbach (6)**, 1035 m (Rastplatz, Abzweig). Im Umkreis befinden sich noch ein Rastplatz und eine moderne Lechbrücke. Nach dem zerstörerischen Hochwasser im Jahr 2005 wurden Brücken in einem einheitlichen Stil wieder aufgebaut. Die Brückenbedeckungen erinnern an Schiffssegel. Parallel zum Bernhardsbach zweigen wir vom Lechweg zum über der Lechaue liegenden Ort **Elbigenalp (7),** 1060 m (10 Min., Bushaltestelle, Parkplatz, Hotels, Tourist-Information), ab.

Der Simms-Wasserfall im Frühling.

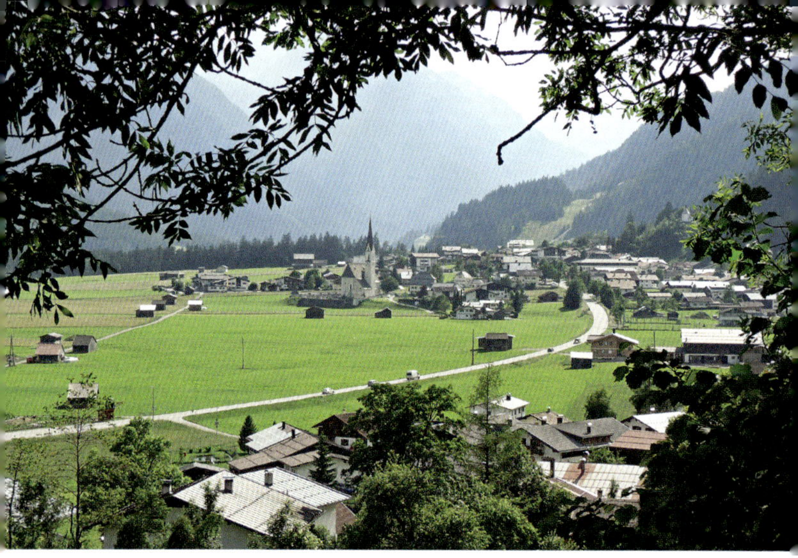

Blick auf Elbigenalp.

Elbigenalp

Elbigenalp (1040 m, ca. 870 Einwohner) liegt mit seinen Ortsteilen zentral im mittleren Lechtal: Der Ort wird auch als Schnitzerdorf bezeichnet und beherbergt eine Fachschule für Kunsthandwerk (Schnitzschule). Hier wurde Anna Stainer-Knittel geboren, die im Alter von 17 Jahren (1858) einen Adlerhorst aushebt. Als Geierwally wird sie durch den 1873 erschienenen gleichnamigen (belustigend kitschigen) Roman von Wilhelmine von Hillern zum Mythos. Die Gemeinde setzt ihrer berühmten Tochter 1993 mit der ***Geierwally-Freilichtbühne*** *in der Schlucht des Bernhardsbachs ein Denkmal. Hier werden von Laien Theaterstücke mit regionalem Bezug aufgeführt, wie Geierwally, Schwabenkinder und Totentanz als Lebensgeschichte des Malers Johann Anton Falger, der seinem Heimatdorf zwei Totentanzzyklen hinterlassen hat, die besichtigt werden können (Infos: geierwally.at, Karten: geierwally@lechtal.at, Tel. +43 5634 5315-12).*

Unterkunft: *Neben dem 4-Sterne-Superior-Hotel Alpenrose für den ganz großen Geldbeutel, das keine Wünsche offen lässt, gibt es am Ort und in den Ortsteilen eine Auswahl an weiteren Hotels und Pensionen. Beheiztes Freibad Elbigenalp/Bach (Kiosk/Buffet, Tel. +43 5634 6585). Freies Parken vor der Schnitzschule in der Nähe des Bernhardsbachs.*

Information: *Lechtal Tourismus, Untergiblen 23, A-6652 Elbigenalp, Tel. +43 5634 5315, lechtal.at, info@lechtal.at.*

6.30 Std.
19,0 km

Bach – Elbigenalp – Bach LS3

Bergwald und Schnitzerdorf

Diese Lechschleife verläuft zwischen Bach und Köglen durch den Südhang des Lechtals und quert dabei die Schlucht des Bernhardsbachs, stellt also eine bergige Alternative zu dem durch die Aue verlaufenden Lechweg dar. Die Rückkehr erfolgt auf dem Lechweg durch die Aue flussaufwärts nach Bach, wo sich der Kreis um Elbigenalp schließt.

Ausgangs- und Endpunkt: Bach, Lechbrücke, 1062 m. Erreichbar: Buslinie 110 Reutte–Warth/Lech, Haltestelle Bach Dorf. B198 Reutte–Lech. Parken südlich der Lechbrücke.
Höhenunterschied: 820 m.
Anforderungen: Lange Wanderung auf guten Wegen und Pfaden, die bereits in Köglen nach 4.30 Std. beendet werden kann.

Einkehr: In Bach. Nach weniger als 30 Minuten Berggasthof Klapf (Di Ruhetag, Tel. +43 5634 6349). Gibler Alm (Mo Ruhetag, Tel. +43 5634 6124). Kasermandl (Tel. +43 664 1980150). In Elbigenalp.
Unterkunft/Information: Siehe Infobox Bach, S. 67, und Infobox Elbigenalp, S. 68.
Tipps: Abstecher Modertal-Wasserfall. Beheiztes Freibad Elbigenalp/Bach.

Beim Start an der Lechbrücke von **Bach (1)**, 1062 m, steigen wir zunächst mit der »L«-Markierung des Lechwegs und des Prozessionswegs an der Kirche und am Gottesacker vorbei auf. Bereits nach ca. 150 m werden wir auf einen steilen Pfad hinauf zur **Seesumpfkapelle** (Bänke) gelenkt, ein idealer Platz zum Innehalten und Verschnaufen.
Der Pfad bringt uns hinab zum Seesumpf und auf ein Teersträßchen. Am **Haus Bergfrieden (2)**, 1203 m, biegen wir ab (der Lechweg verabschiedet sich geradeaus) und umlaufen es auf Almwegen im Rechtsbogen mit der Wegweisung »Wasserfall, Gibleralm«.
Nach fast einer Stunde Gehzeit können wir einen **Abstecher zum Modertal-Wasserfall (3)**, 1280 m, unternehmen. Nach 10 Minuten blicken wir von einer Aussichtsplatt-

Wandergruppe an der Seesumpfkapelle.

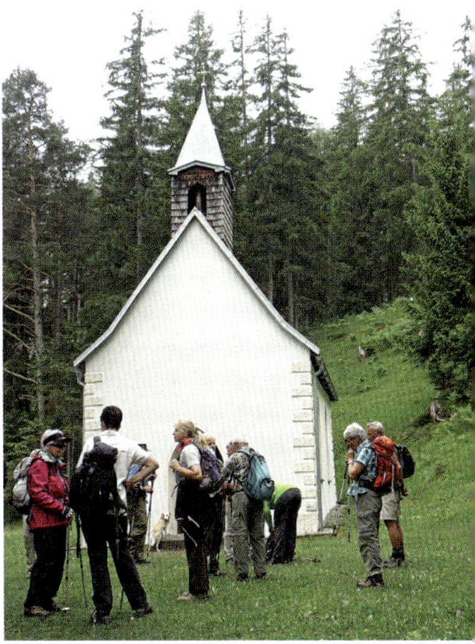

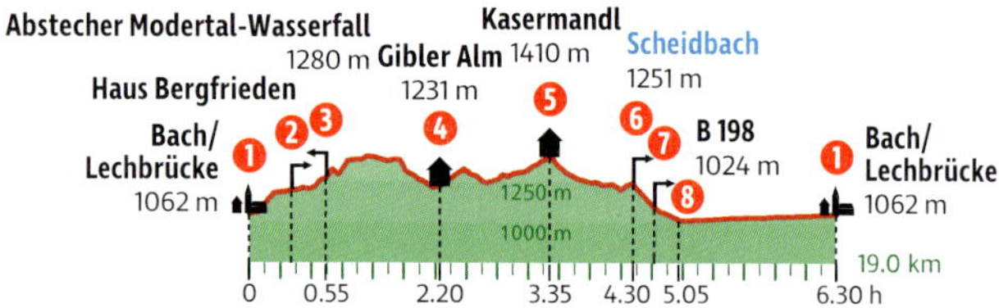

form mit Bank auf den Wasserfall. Mit etwas Glück sehen wir Bergsalamander auf dem Weg. Rückkehr zur Lechschleife in 5 Minuten wie Hinweg.
Zurück vom Wasserfall folgen wir dem Waldweg bis zu einer Wassergewinnungsanlage, wo uns der WW »Gibleralm 1,5 Stunden« einen Waldpfad hinaufleitet. An einer Verzweigung halten wir uns links aufwärts. Nach weiterem Aufstieg in Kehren weist ein weiterer WW uns rechts Richtung Gibleralm. Bald passieren wir am Weg eine Hütte mit fließendem Wasser. (Der gesamte Hang hier bringt viele Quellen hervor.)
Die folgende Linkskehre unseres Weges könnte durch einen steilen Pfad abgeschnitten werden. An einer Bank und einem Wegweiser vereinen sich beide wieder. Von hier führt ein bequemer und sich generell leicht senkender Weg bis zur Gibler Alm. Zwischendurch queren wir den Stienebach. Von der sogleich folgenden großen Wegkreuzung wandern wir vorbei an einer imposanten **Wildfütterungsstelle** auf dem sich nun stärker neigenden Weg zur **Gibler Alm (4)**, 1231 m (Mo Ruhetag), zu einer zu diesem Zeitpunkt willkommenen Einkehrpause (ggf. könnte hier nach Elbigenalp und zu einer Bushaltestelle abgestiegen werden).
Von der Gibler Alm wählen wir den zunächst etwas ansteigenden Weg in die Schlucht. Der Weg verläuft in einem von Steinschlag und Muren gefährdeten Hang aus Tonschiefer, weshalb wir am rechten Rand des Weges gehen. Nach ca. 15 Minuten (WW Kasermandl 1,5 Std.; die Zeitangaben der Wegweiser sollten nicht allzu ernst genommen werden) führt ein bequemer Weg sanft in die Schlucht hinab. Auf einem Steg überqueren wir den **Bernhardsbach**. Nach starken Regenfällen werden frische Schuttkegel überstiegen werden müssen, bis der Weg wieder geräumt ist. Nach einem Serpentinenpfad führt ein Schotterweg in die Schlucht des **Baltschebachs** und wieder hinaus. Der aufsteigende Weg, vorbei an einer weiteren riesigen Wildfütterungsstelle am Punkt 1305 m, erlaubt Tiefblicke in die Schlucht und auf die Lechtaler Alpen. Nach vier Kehren des Güterweges ist der kurze Abzweig zur Einkehrmöglichkeit **Kasermandl (5)**, 1410 m, erreicht.
Die Lechschleife folgt geradeaus dem sich senkenden breiten Schotterweg, wobei der erste rechts abzweigende Schotterweg ignoriert wird. Nach Rechts-links-rechts-Kehren befinden wir uns im Weidegebiet der Schwein-

Am Modertal-Wasserfall.

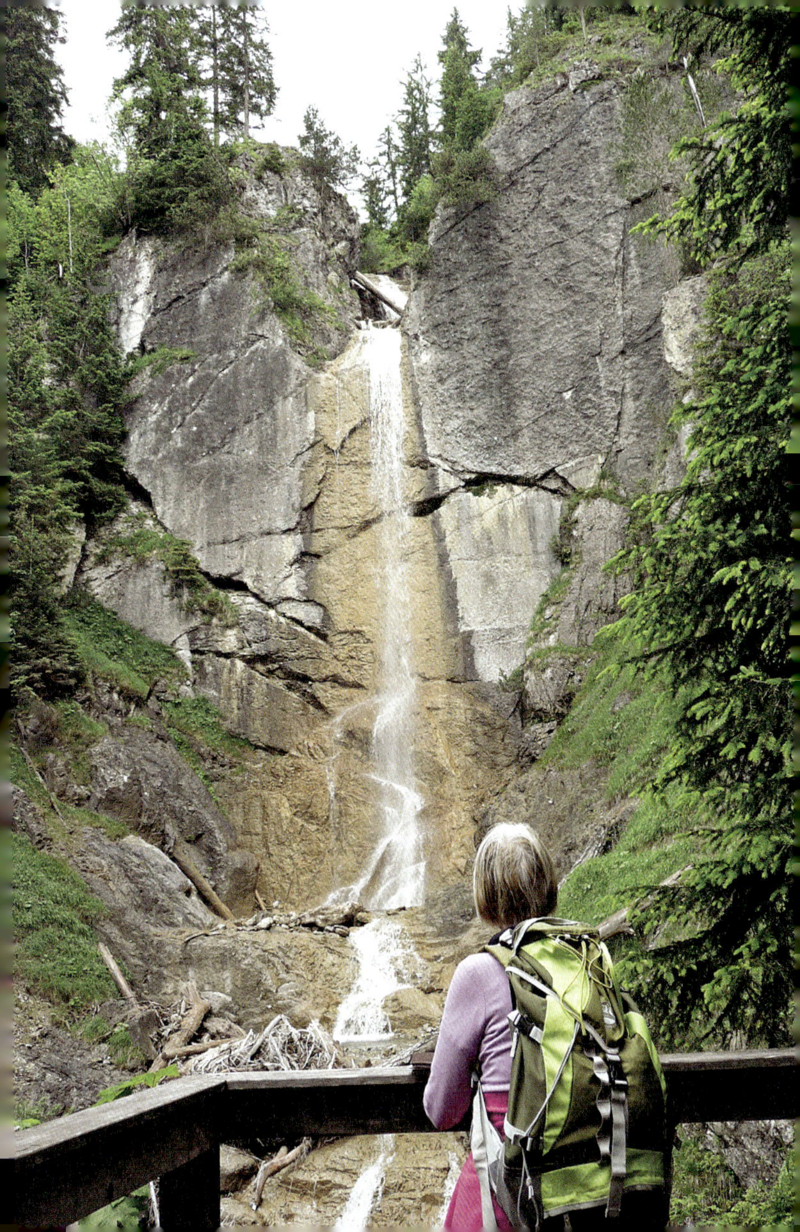

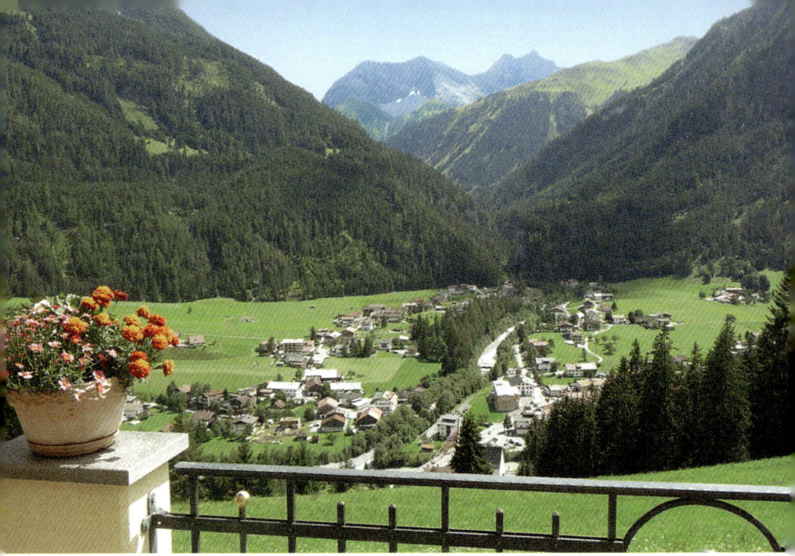

Blick vom Gasthof Klapf auf Bach.

eben Alpe und folgen links einem bequemen Güterweg bis zum **Scheidbach (6)**, 1251 m. Hinter der Brücke über den Bach steigen wir auf einem Pfad Richtung Grießau ab und stoßen auf den **Lechweg (7)**, 1100 m.

Varianten: Hier ist eine Entscheidung über die weitere Gestaltung des Tages erforderlich:

- Soll die Wanderung auf der Lechschleife und damit auf dem Lechweg flussaufwärts bis Bach vollendet werden, so ist rechts auf den Lechweg abzubiegen.
- Ebenso, wenn Elbigenalp zu Fuß am Lech aufwärts oder über den Innerhofer-Weg erreicht werden soll.
- Soll möglichst bald der Bus benutzt werden, so empfiehlt es sich, dem Lechweg hinab zur **Bushaltestelle an der Grießauer Brücke** (WW Häselgehr, 10 Min.) zu folgen. Die gesamte heutige Gehzeit bis dort beträgt gut 5 Stunden.

Wir entscheiden uns, auf der Lechschleife weiterzuwandern, wenden uns am Zusammentreffen mit dem Lechweg also nach rechts. Der Waldweg bringt uns abermals zum Scheidbach, allerdings etwa 160 m tiefer. Jenseits der Brücke läuft der Innerhofer Weg durch eine Lücke im mächtigen Steinwall (dahinter eine Schaukelbank), der Köglen vor den Springfluten des

Scheidbaches schützen soll, nach Elbigenalp. Unser Weg führt zwischen Bach und Hochwasserschutzwall abwärts. Durch den nächsten Durchlass können Köglen und gefahrlos die Bushaltestelle »Köglen Umfahrung« erreicht werden. Kurz bevor wir zur **B 198 (8)**, 1024 m, gelangen, wendet sich der Lechweg links in einen Waldpfad. (Von der Bundesstraße sehen wir rechts das Denkmal der Geierwally und dahinter die o. a. Bushaltestelle, die nur ungeschützt entlang der viel befahrenen Straße erreicht werden kann.)
Für den Rückweg von Köglen entlang des Lechs nach Bach überqueren wir die B 198 und kommen in das Feuchtbiotop des Brunnenwassers (Schaukelbank). Danach wandern wir ganz überwiegend auf einem Pfad direkt am Lech entlang, wobei wir drei Grill- und Rastplätze berühren. Sobald wir eine Brücke unterqueren, könnten wir zur Kirche und in das Zentrum von Elbigenalp gelangen. Nach weiteren ca. 700 m ergibt sich an der durch zwei Brücken mit ihren markanten Segeldächern nicht zu übersehender **Mündung des Bernhardsbachs,** 1035 m, eine weitere Möglichkeit zum Hotel Alpenhof in Elbigenalp hinaufzulaufen (die Wegführung des L5).
Wir bleiben am Lech, wobei auf 500 m der Radweg entlang der Straße benutzt werden muss. Im Freibad könnten wir uns erfrischen, bevor wir nach **Bach (1)**, 1062 m, zurückkehren.

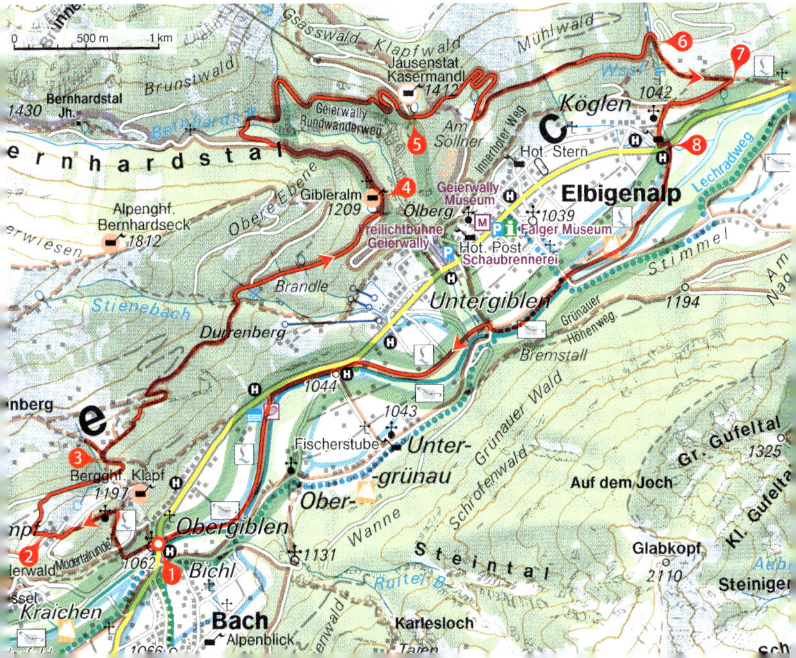

L5 Von Elbigenalp über Häselgehr nach Vorderhornbach

4.45 Std.
16,6 km

Durch die Au und über dem Tal

Diese Etappe hat zwei Gesichter: bis Häselgehr fast ausnahmslos dicht am Fluss durch die Aue, danach im bewaldeten Hang auf fast ausschließlich sehr guten Wegen und Pfaden mit Blicken ins Tal, auf den Fluss und in die Lechtaler Alpen. Attraktion ist der Doserwasserfall.

Ausgangspunkt: Elbigenalp, 1060 m, Hotel Alpenrose. Erreichbar: Buslinie 110 Reutte–Warth/Lech, Haltestelle Hotel Alpenrose. B 198 Reutte–Lech. Parken an der Schnitzschule nahe am Bernhardsbach.
Endpunkt: Vorderhornbach, 974 m. Erreichbar: Buslinie 110; B 198.
Höhenunterschied: Aufstieg 370 m; Abstieg 455 m.
Anforderungen: Bis Häselgehr sehr leicht auf ebenen Wegen, nur ein Auf- und Abstieg von weniger als 100 m. Danach typische Mittelgebirgswanderung auf fast immer guten Wegen und Pfaden.
Einkehr: In Elbigenalp und Häselgehr (nicht direkt am Weg). Hotel-Restaurant Lechzeit in Klimm (ca. 150 m vom Naturparkhaus, Tel. +43 5635 20900, Do Ruhetag). Gasthof Kaiserkrone in Elmen. Gasthof Rose in Vorderhornbach.
Unterkunft und Information: Lechtal Tourismus, info@lechtal.at, lechtal.at, Tel. +43 5634 5315.
Variante: Der Innerhofer-Weg, der knapp oberhalb von Elbigenalp durch den unteren Hang verläuft, bildet bis nach Grießau eine Alternative zum Lechweg durch die Aue.

Wenn wir in **Elbigenalp (1)**, 1060 m, starten, zum Beispiel vom Parkplatz oder von der Bushaltestelle am Hotel Alpenhof, so müssen wir zunächst 500 m links am Bernhardsbach hinablaufen, um den Lechweg an der **Mündung des Baches (2)**, 1035 m, in den Lech (Rastplatz) zu erreichen. Von den beiden markanten Brücken und dem schönen Rastplatz folgen wir dem Lauf des Lechs. Nach gut 100 m scheren wir vom Radweg rechts auf einen Pfad aus, der entlang des bewaldeten Ufers verläuft.
An der nächsten **Lechbrücke (3)** steigen wir hinauf und überqueren die Brücke, um am rechten Ufer des Lechs weiterzuwandern. Wir begleiten die fließenden Wasser des Flusses durch Wald, Ufervegetation und Wiesen. Nach fast 2 km erreichen wir Grießau. Hier gehen wir links in Richtung der Lechbrücke. (Hinter der Brücke gibt es eine Bushaltestelle mit Wartehäuschen

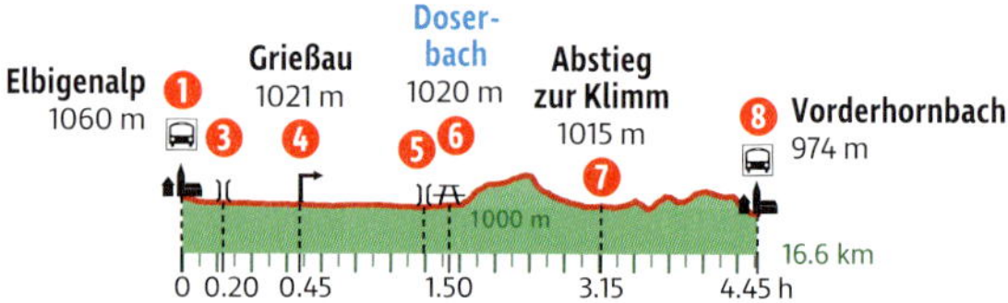

Der Doserfall.

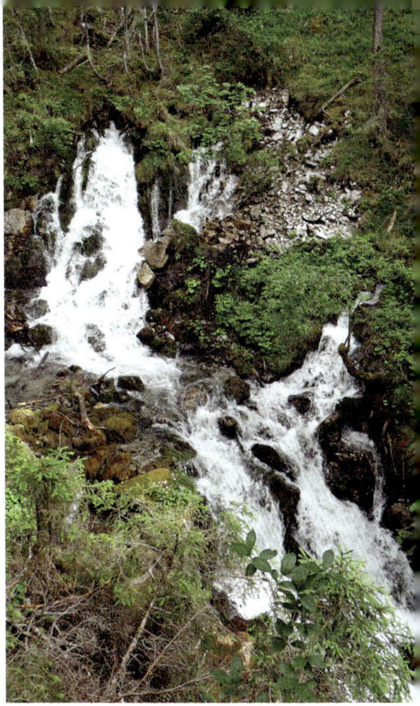

und Frischwasser.) Vor Erreichen der Brücke in **Grießau (4)**, 1021 m, werden wir rechts aus dem kleinen Ort hinausgeführt.
Durch Wiesen werden wir an einem Wegkreuz und Heustadeln vorbei an das Lechufer geleitet. Zunächst geht es auf Gras- und Erdwegen durch einen schönen Fichtenwald, dann über einen breiten Schotterweg hart am Ufer entlang. Sturzbäche vom Berghang können unseren Weg stellenweise unter Wasser setzen. An wenigen Stellen ist der Weg durch Steinschlag und Muren gefährdet, deshalb links gehen! Am Bad vorbei (Parken) kommen wir zur **Lechbrücke von Häselgehr (5)**, 1006 m (70 Min. ab der Grießauer Brücke, Bushaltestelle »Abzweig Gramais/Bad«), und überqueren sie.

***i* Häselgehr**

Das Straßendorf (1006 m, ca. 660 Einwohner) war 1793 und 1951 schweren Lawinenabgängen ausgesetzt. Die Pfarrkirche St. Martin ist im Nazarenerstil ausgestaltet. Der Ort verfügt über ein schönes Freibad mit Kneipp-Anlage, Minigolf und Beachvolleyball in der Nähe der Lechbrücke (Gemeinde-Tel. +43 5634 6340).
Lechtal Camping Rudi, Luxnach 122, A-6651 Häselgehr (Tel. +43 5634 6425, lechtal-camping-rudi.at, camping.rudi@lechtalnet.at).
***Information:** Lechtal Tourismus, Tel. +43 5634 5315, lechtal.at, info@lechtal.at.*

In **Häselgehr** liegt die Flachetappe hinter uns. Bis Vorderhornbach hat der Lechweg Mittelgebirgscharakter. Dabei bewegen wir uns in einem südostexponierten Hang mit überwiegend lichter Bewaldung. Streckenweise muss mit starker Sonneneinstrahlung gerechnet werden.
Von der Lechbrücke und der Pfarrkirche St. Martin wenden wir uns Richtung Luxnach und biegen sogleich links in einen Kiesweg ein, der uns in 10 Minuten zum wild schäumenden **Doserbach (6)** bringt (Brücke und Rastplatz, der zu einer Pause herausfordert). Steile Pfade führen bachaufwärts wie -ab-

wärts. Es sollte keinesfalls versäumt werden, zum **Doserfall**, 1020 m (Rastplatz), und bis zu einem **Aussichtspunkt** aufzusteigen, wo beobachtet werden kann, wie das Wasser aus dem Berghang quillt. Der Wasserfall soll jedes Jahr am 11. November an Martini versiegen und am 23. April zu Georgi wieder sprudeln. Sicher ist, dass der Wasserfall im Winter keine »Nahrung« erhält. Vorsicht beim Abstieg, Rollsplitt! (Insgesamt sind 20 Minuten einzuplanen.)

Der Weiterweg führt über ein sonniges Almplateau (bitte Weidegatter wieder schließen!) mit zwei Dutzend grasenden Kühen und Myriaden von Fliegen auf ihren Hinterlassenschaften. Ein Pfad steigt durch lichten Fichtenwald zu **Arthurs Plätzle** auf. Nach einem etwa 150 m kurzen Stück auf einem Forstweg, erlaubt ein fast ebener Waldpfad besonders genussvolles Wandern. Es schließt sich ein Weg, der den Wasserfallbach quert, an. Von einem Wendehammer, dem Ende des Weges, steigt ein steiler Pfad, der konzentriertes Gehen verlangt, in Kehren zu einem weiteren Waldweg ab, auf dem es sich wieder entspannt wandern lässt. Wir passieren eine riesige Wildfütterungsstelle. Nach insgesamt vierstündiger Wanderung wird uns vielleicht zur rechten Zeit auf einem Pfad ein fünfminütiger **Abstieg zur Klimm (7)**, 1015 m, hinab angeboten. Das **Naturparkhaus** wäre in zehn, **Elmen** (Gasthof, Bushalt) in zwanzig Minuten erreichbar, der Wiederaufstieg nur wenig länger.

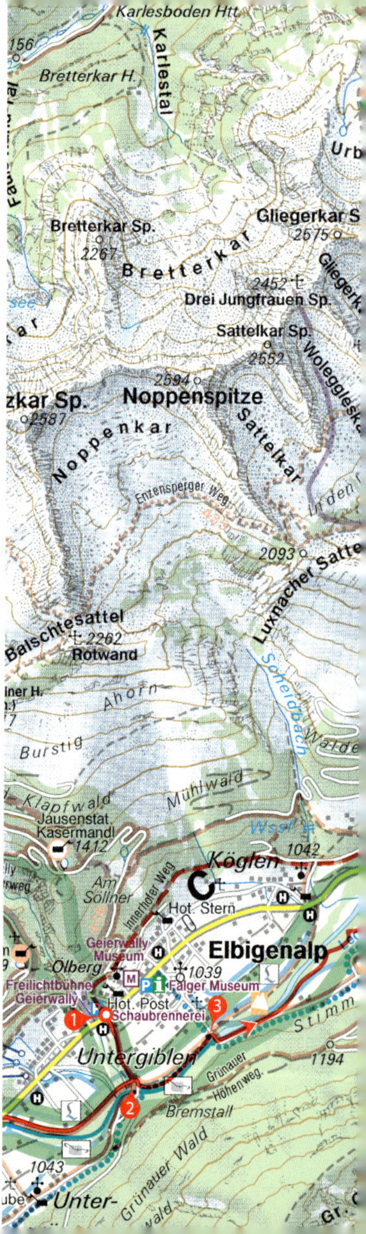

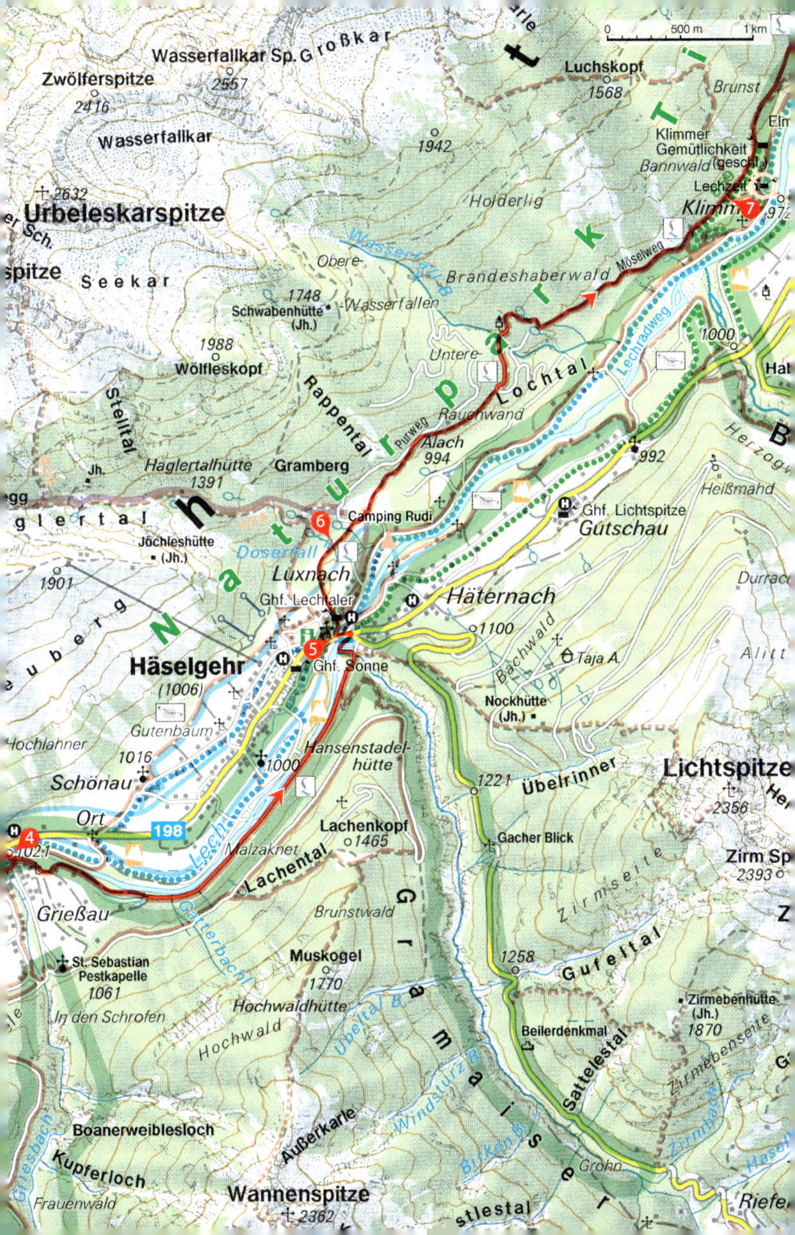
0
500 m
1 km
Wasserfallkar Sp.
Großkar
Zwölferspitze
2416
2557
Wasserfallkar
Luchskopf
1568
Brunst
1942
Klimmer Gemütlichkeit
Bannwald (geschl.)
Lechzeit
Klimm
972
Holderlig
2632
Urbeleskarspitze
Seekar
Obere
Wasserfall B.
Brandeshaberwald
Möselweg
1748
Schwabenhütte (Jh.)
Wasserfallen
Naturpark Tiroler Lech
1988
Wölfleskopf
Untere
Lechradweg
1000
Stelltal
Rappental
Lochtal
Purweg
Rauchwand
Alach
994
Herzogw
992
Jh.
Haglertalhütte
1391
Gramberg
Heißmahd
Camping Rudi
Ghf. Lichtspitze
Gutschau
Jöchleshütte (Jh.)
Doserfall
Luxnach
1901
Ghf. Lechtaler
Häternach
Durrach
1100
Bachwald
Taja A.
Alitt
Häselgehr
(1006)
Ghf. Sonne
Nockhütte (Jh.)
Gutenbaum
Hochlahner
Hansenstadelhütte
1016
1000
1221
Übelrinner
Lichtspitze
2356
Schönau
Ort
198
Lech
Lachenkopf
1465
Gacher Blick
Zirm Sp
2393
1021
Malzaknet
Lachental
Zirmseite
Grießau
Brunstwald
Gatterbach
St. Sebastian Pestkapelle
1061
Muskogel
1770
1258
Gufeltal
Zirmebenhütte (Jh.)
1870
In den Schrofen
Hochwaldhütte
Übeltal B.
Hochwald
Beilerdenkmal
Sattelestal
Zirmebenseite
Gramaiser
Windsturz B.
Zirmbach
Boanerweibleslach
Außerkarle
Birken B.
Grießbach
Kupferloch
Grohn
Frauenwald
Wannenspitze
2362
stlestal
Riefe

i

Elmen und das Naturparkhaus

Zum kleinen Ort Elmen (976 m, ca. 370 Einwohner) zählen noch die Siedlungen Martinau (Frauenschuhvorkommen) und Klimm. Der Ort ist sehr ruhig, da die B198 um Elmen herum geführt wird. Die Pfarrkirche stammt aus dem 15. Jh.; in der Totenkapelle am Friedhof ist ein Totentanz von Johann Anton Falger zu sehen. Südlich von Elmen zweigt die Straße in das Bschlaber Tal und über das Hahntennjoch nach Imst ab.

***Unterkunft/Einkehr:** Gasthof Kaiserkrone (2 Sterne, sehr lange Winterpause, warme Küche 12–14 und 18–20 Uhr, Mi Ruhetag, Tel. +43 5635 210, gasthof-kaiserkrone.at, gasthofkaiserkrone@gmx.at).*

***Information:** lechtal.at, Tel. +43 5634 5315.*

*Das **Naturparkhaus Klimmbrücke** (Tel. +43 664 4168466, naturpark-tirolerlech.at) beherbergt die Naturparkverwaltung und eine Informationsstelle und dient als Ausgangspunkt für Naturführungen. Naturparkspielplatz, WC, Parkplatz.*

Bald nach dem Abzweig zur Klimm endet unser Weg noch im Wald an einem Wendehammer. Nun folgt der Lechweg dem schmaleren, der Sonne ausgesetzten Panoramaweg mit Blicken auf Elmen und den Lech, die wir von Bän-

Blick vom Lechweg auf das Naturparkhaus.

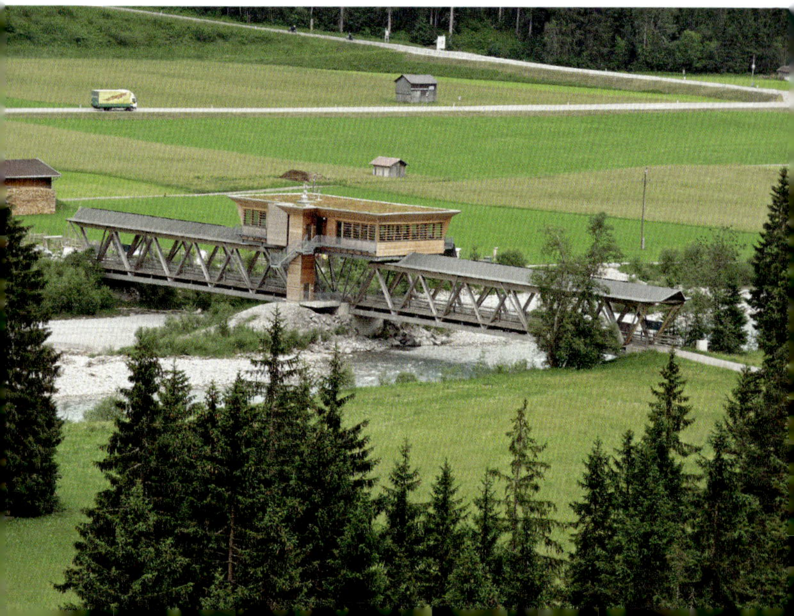

ken genießen können. Bald queren wir einen Wildbach und holen uns ggf. nasse Füße. An einer markanten Felswand steigt der schmale Pfad in Serpentinen auf. Oben erwartet uns eine Aussichtsbank. Der sehr schöne Pfad endet in der Kurve eines Schotterweges, dessen oberem Ast wir nun in den Wald folgen. Unter uns liegt einmal mehr eine imposante Wildfütterungsstelle. An zwei Wegverzweigungen wählen wir jeweils den unteren Weg. Der Wald wird dichter und schöner. Zuletzt geht es auf einem zu steilen Pfad durch die Krackwiesen hinab zum Hornbach.

In der Zeit zwischen Mitte Mai und Anfang Juni sollten wir einen Abstecher am rechten Ufer des Hornbachs entlang machen, denn hier treffen wir auf ein besonders großes Vorkommen an Maiglöckchen und vor allem Frauenschuh. Anschließend gehen wir nach **Vorderhornbach (8)**, 974 m (Bushaltestelle), hinein.

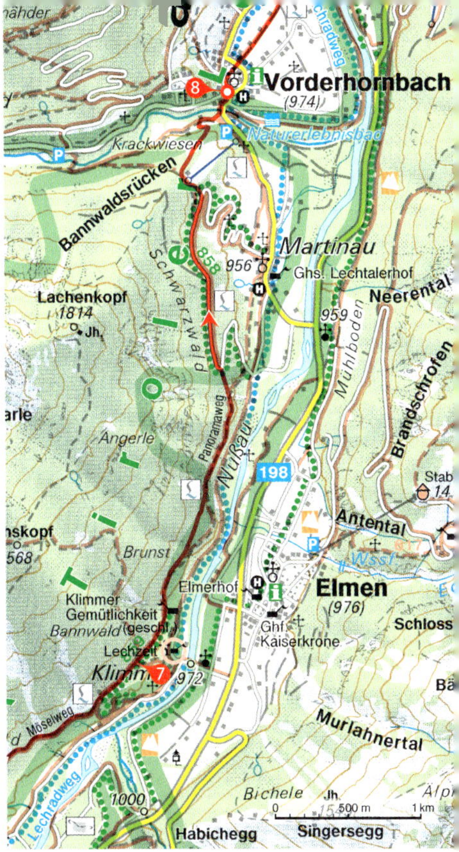

i Vorderhornbach

Die kleine Gemeinde (974 m, ca. 250 Einwohner) liegt abseits der Lechtalstraße am Ausgang des Hornbachtals. Jenseits des Hornbachs liegt das Frauenschuhvorkommen von Martinau, das zur Gemeinde Elmen gehört. Das Naturerlebnisbad Badino bereitet das Wasser ohne Chemie auf (camping-vorderhornbach.at, Tel. +43 69917102117).

Unterkunft: *Gasthof Rose (2 Sterne, einziger Gasthof und einzige Einkehrmöglichkeit im Ort, Tel. +43 5632 212, info@gasthof-rose.biz).*

Information: *Lechtal Tourismus, Tel. +43 5634 5315, lechtal.at, info@lechtal.at.*

LS4 Elmen – Häselgehr – Elmen

3.15 Std.
10,8 km

Bergwald und Lechaue

Die Lechschleife zwischen Elmen und Häselgehr ist identisch mit dem Lechweg in diesem Abschnitt, nur gegenläufig. Der Rückweg von Häselgehr nach Elmen verläuft ausschließlich durch die Lechaue und bildet eine Alternative zum Bergweg des Lechwegs.

Ausgangs- und Endpunkt: Elmen, Naturparkhaus, 970 m. Erreichbar: Buslinie 110 Reutte – Warth/Lech im Ort Elmen, Haltestelle Elmen Dorf. B 198 Reutte – Lech.
Höhenunterschied: 240 m.
Anforderungen: Leichte Wanderung mit Mittelgebirgscharakter im Hang über dem Lechtal und in der Talebene.
Einkehr: Hotel-Restaurant Lechzeit in Klimm (ca. 150 m vom Naturparkhaus, Do Ruhetag, Tel. +43 5635 20900, lechzeit.com). In Häselgehr und in Elmen.

Wir starten am südlich von **Elmen** gelegenen **Naturparkhaus (1)**, 970 m (Parkplatz), das als Brückenhaus über dem Lech gestaltet ist. (Wer mit dem Bus anreist, steigt in Elmen Dorf aus und läuft vom Gemeindehaus unter der B 198 hindurch in die Lechwiesen und zum sichtbaren Naturparkhaus.) Vom linken Lechufer (oberhalb des »Hotels Lechzeit«) steigen wir auf einem Pfad

Auf der Alm.

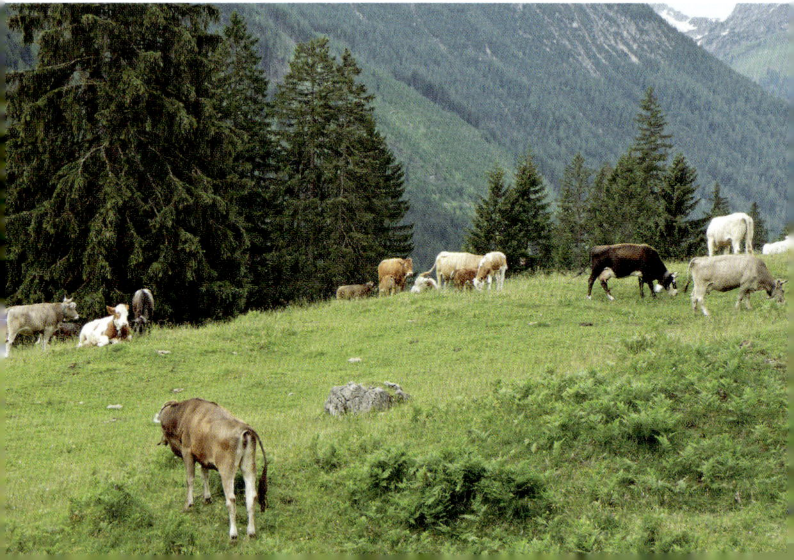

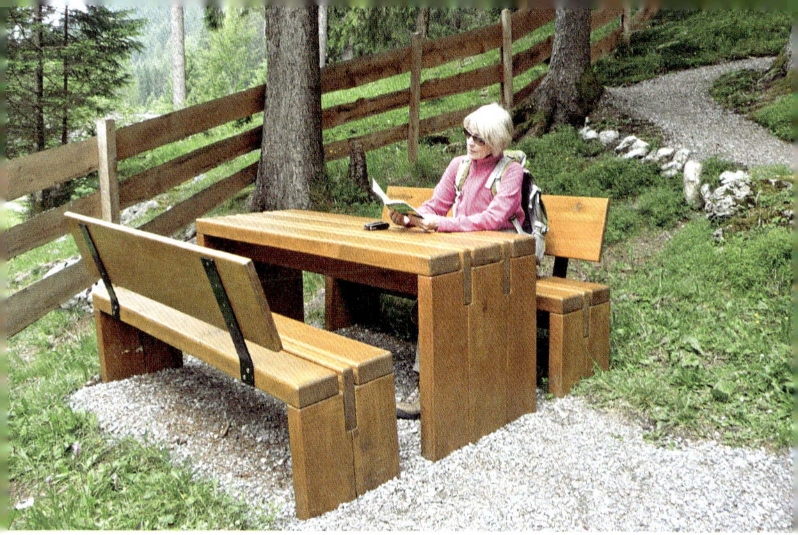

Lechrastplatz am Doserbach.

in den Wald auf und treffen auf die Markierung des **Lechwegs (2)**, 1015 m. Ihr folgen wir nach links.

Da der Lechweg in beiden Richtungen sehr gut markiert ist und bereits in Gegenrichtung unter L5, Abschnitt Häselgehr – Elmen besprochen wurde, wird hier lediglich eine Kurzfassung wiedergegeben: Wir passieren eine große Wildfütterungsstelle und wandern auf einem guten Waldweg leicht bergan. Es folgt ein Anstieg auf einem Zickzackpfad über fast einhundert Höhenmeter. Auf einem Waldweg queren wir den **Wasserfallbach** und gehen in einen angenehmen Pfad hinein, der uns fast bis **Arthurs Plätzle** bringt. Ein weiterer Pfad, dann ein Almweg führen zum **Doserbach (3)**, 1020 m (1.45 Std. ab dem Naturparkhaus, Rastplatz), hinab. Der kurze Aufstieg zum **Doserfall** (siehe L5) sollte nicht versäumt werden. Wenig später sind die Kirche und die **Lechbrücke von Häselgehr (4)**, 1006 m, erreicht. Der Besuch des Freibades jenseits der Brücke bietet sich ggf. an.

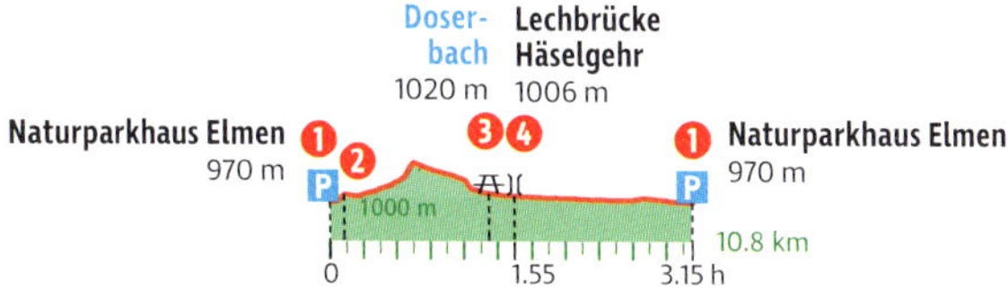

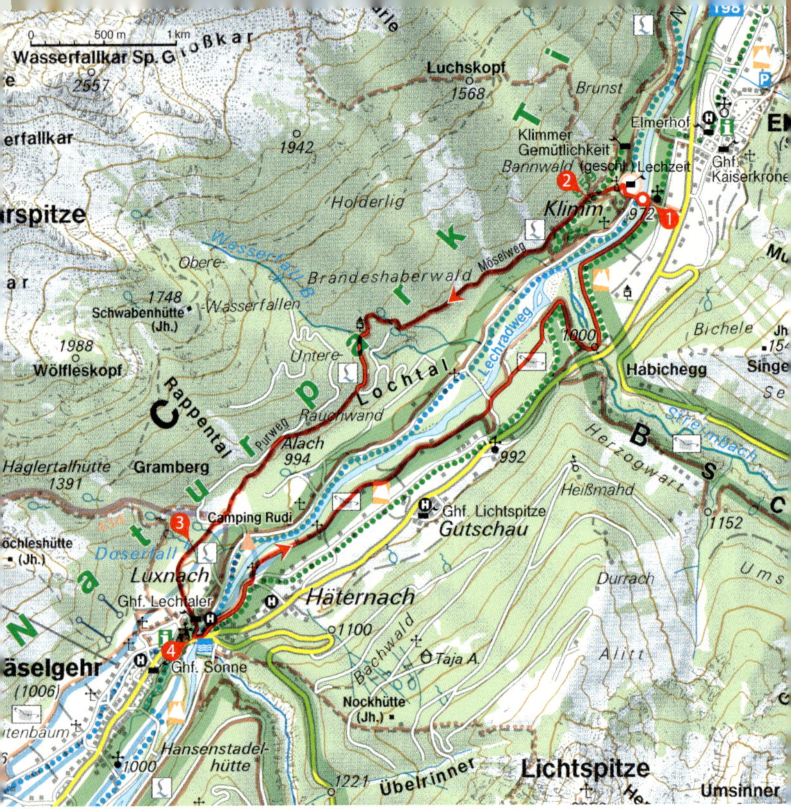

Die Rückkehr nach Elmen erfolgt ausschließlich rechts des Lechs durch die Flussaue. Nach Überschreiten der Lechbrücke halten wir uns links bis an das Lechufer. Ein Pfad leitet uns mit Blicken auf den Fluss und seine Kiesbänke hart am Ufer entlang. Ab einem Wegkreuz führt ein Weg durch den Auwald und überwiegend an ihm entlang. Dämme, die als Kiesfang dienen, werden gequert. Nach etwa 50 Minuten, nach einer Holzbrücke, halten wir uns an der Verzweigung rechts und folgen dem etwas versteckten Schild »Bike Trail Tirol«, später auch der Skiloipe Elmen. Bis zum Ziel folgen wir breiten Wegen. Auf dem Hochgestade entfernen wir uns nach rechts vom Lech und gehen im Linksbogen bis ca. 80 m vor die B198. Dabei überqueren wir den **Bschlaber Bach** auf einer Brücke. Am rechten Hochufer des Bschlaber Baches kehren wir zum Lechufer und an ihm entlang zum **Naturparkhaus (1)**, 970 m, zurück.

5.00 Std.

17,6 km

Elmen – Vorderhornbach – Baichlstein – Elmen

LS 5

Auf Panoramawegen über dem Naturpark Tiroler Lech

Die Lechschleife folgt bis Vorderhornbach dem Lechweg und steigt von dort auf eigenständiger Route hinauf zum Baichlstein, dem »weitsichtigsten« Aussichtspunkt in diesem Abschnitt des Lechtals. Die Rückkehr von der Stanzacher Lechbrücke nach Elmen geschieht überwiegend auf einem Bike Trail. Der Abschnitt von Vorderhornbach über den Baichlstein bis zur Stanzacher Lechbrücke bildet eine reizvollere Alternative zum durch das Tal führenden Lechweg.

Ausgangs- und Endpunkt: Naturparkhaus Elmen, 970 m (Museum, Parkplatz). Erreichbar: Buslinie 110, Haltestelle Elmen Dorf. B 198.
Höhenunterschied: 510 m.
Anforderungen: Lange, ggf. der Sonne ausgesetzte Tour. Getränke und Sonnenschutz.

Einkehr: In Elmen: Gasthof Kaiserkrone (Mi Ruhetag, Tel. +43 5635 210, gasthof-kaiserkrone.at). Hotel-Restaurant Lechzeit in Klimm (Do Ruhetag, Tel. +43 5635 20900, lechzeit.com). Gasthof Rose in Vorderhornbach (Tel. +43 5632 212).
Unterkunft: Siehe Einkehr. Gästehaus Angelika in Elmen (Tel. +43 5635 500).

Der Startpunkt, das **Naturparkhaus (1)**, 970 m, auf der Lechbrücke südlich von **Elmen**, ist von der B 198 gut sichtbar (Parkplätze). Von der Bushaltestelle Elmen-Dorf wird das Naturparkhaus in gut 10 Minuten ab Gemeindehaus unter der B 198 hindurch und durch die Wiesen erreicht. Vor Beginn der Wanderung haben wir Gelegenheit, im »Hotel-Restaurant Lechzeit« einzukehren.
Von der Klimm steigen wir auf einem Pfad zum **Lechweg (2)**, 1015 m, auf und halten uns rechts. Bis Vorderhornbach folgt die Lechschleife dem Lechweg. Es wird deshalb auf die Beschreibung der 5. Etappe des Lechwegs (L5) verwiesen. Auf dem aussichtsreichen Panoramaweg, der sich auf weiten Strecken als sehr schöner Pfad im leichten Auf und Ab durch den Hang des Lechtales zieht, erreichen wir in gut 1,5 Stunden **Vorderhornbach (3)**, 974 m (Einkehr, Bus). Dort folgen wir zunächst der Lechwegmarkierung bis westlich der Kirche, wo wir auf einen kleinen Parkplatz mit Brunnen, ein Kreuz und ein Haus mit Christophorusfigur treffen. Dort folgen wir dem Wegweiser »Baichlstein«.
Der Teerweg bringt uns bald oberhalb von Vorderhornbach mit Blick auf den Ort und das Tal zu einem **Wendehammer**. Ein Pfad führt geradeaus zwischen Weidezäunen steil aufwärts. Fast 15 Minuten nach dem Start wandern wir rechts auf einem Schotterweg allmählich ansteigend weiter. Wir bleiben diesem Weg treu: Eine Hütte in der Nähe einer Verzweigung bleibt rechts unten liegen. An der nächsten Verzweigung weist ein WW zum Baichlstein

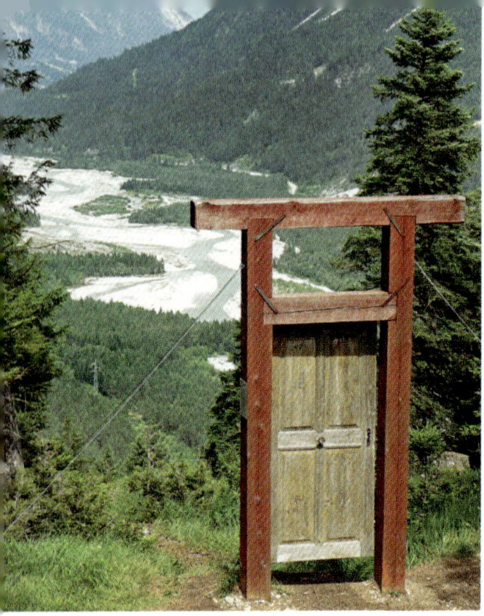

Porta Alpina auf dem Baichlstein.

und 15 Meter weiter stehen wir unter **Wasserfällen**, die Kühlung verbreiten (10 Min.).
An der nächsten Verzweigung gehen wir links. Eine Felswand der Schlucht des Hochstattbaches, die wir queren werden, ist bereits sichtbar. Im Tal kommt Stanzach ins Blickfeld. Nach einer roten Bank und einem Ansitz geht es auf einem Pfad tief hinab in die wildromantische Schlucht. Auf einem soliden Metallsteg überwinden wir den **Hochstattbach (4)**, 1080 m, und steigen auf steilem Pfad aus der Schlucht hinaus Richtung Lechtal. Ein Blick in das Lechtal lässt uns die Geländestufen erkennen, die der Fluss auf der Talsohle durch den Wechsel von Hebungen des Gebirges und seinem Einschneiden bzw. Mäandern herausgearbeitet hat.
Auf breitem Weg, zuletzt in Kurven, geht es hinab zum kleinen Moos, das wir an seinem westlichen Rand umgehen. An der nordwestlichen Ecke des Mooses weist uns ein Wegweiser nach rechts in 20 Minuten zum Gipfel des Baichlsteins. Unterwegs kommt von rechts der Pfad von der Spiesemühl aus Richtung Vorderhornbach herauf (siehe L6, Variante vom Lechweg zum Baichlstein). Dann weist uns ein weiterer Wegweiser rechts auf einen äußerst steil angelegten Pfad zum Gipfel des **Baichlsteins (5)**, 1164 m.
Abstieg wie Aufstieg bis zum bekannten Wegweiser an der nordwestlichen Ecke des Mooses: Solange die Schicht aus Rollkies sich noch nicht in den

i *Der **Baichlstein** ist ein exzellenter Aussichtsberg und insbesondere durch seine Aussicht in das Lechtal berühmt. Von einer Bank genießen wir den Blick flussaufwärts. (Diese Bank steht viel zu nah am ungesicherten senkrechten Abgrund! Lebensgefahr! Wir sollten sie nur als Aussichtspunkt nutzen, aber nicht für andere Aktivitäten, wie Picknick u. a., um einen unbedachten Schritt und Absturz zu vermeiden.) Nach Norden erblicken wir den berühmten **Lechzopf**. Die vom mäandernden Lech aufgeschütteten Schotterbänke haben von oben betrachtet die Form eines geflochtenen Zopfes. Ursächlich sind 5 Buhnenpaare, die das Flussbett von beiden Seiten verengen, nach jedem Buhnenpaar kann sich der Lech wieder ausdehnen und seinen Schotter abladen. Das Kunstobjekt »Porta Alpina« lässt den Blick auf den Lechzopf symbolisch und real öffnen.*

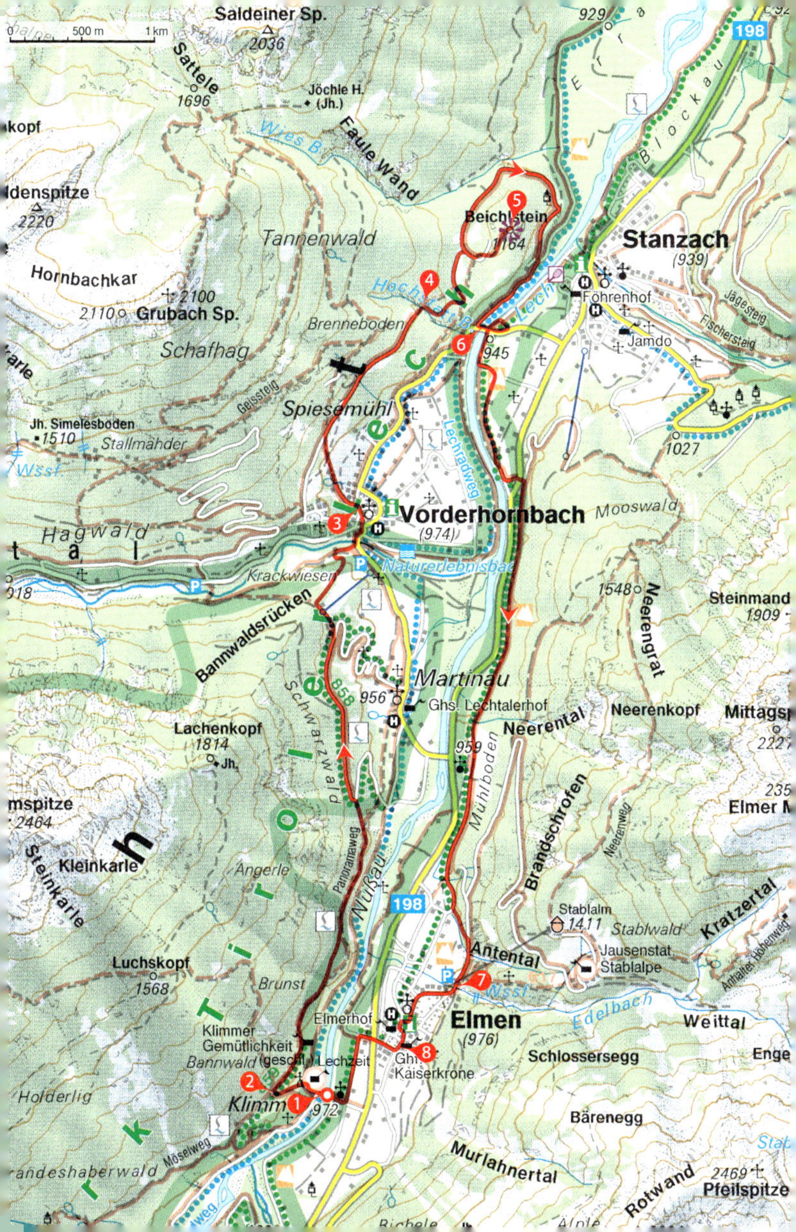

0 500 m 1 km
Saldeiner Sp.
2036
Sattele
1696
Jöchle H. (Jh.)
Faule Wand
Wies B.
Tannenwald
Beichlstein
1164
Stanzach
(939)
Föhrenhof
Jamdo
Jägersteig
Fischersteig
Hornbachkar
2100
2110
Grubach Sp.
Brenneboden
Hochalp B.
Lech
945
Schafhag
Geissteig
Spiesemühl
Lechradweg
Jh. Simelesboden
1510
Stallmähder
Vorderhornbach
(974)
Mooswald
Hagwald
Krackwiesen
Naturerlebnisbad
1027
1548
Neerengrat
Steinmand
1909
Bannwaldsrücken
Martinau
956
858
Ghs. Lechtalerhof
Neerental
Neerenkopf
Lachenkopf
1814
Jh.
Schwarzwald
959
Mühlboden
Brandschrofen
Neerenweg
Kleinkarle
Steinkarle
Angerle
Panoramaweg
Nußau
198
Stablalm
1411
Stablwald
Kratzertal
Antental
Jausenstat. Stablalpe
Luchskopf
1568
Brunst
Wssf
Edelbach
Elmerhof
Elmen
(976)
Weittal
Klimmer Gemütlichkeit (geschl.)
Bannwald
Lechzeit
Ghf. Kaiserkrone
Schlossersegg
Holderlig
Klimm
972
Bärenegg
Möselweg
Murlahnertal
Rotwand
2469
Pfeilspitze
Elmer
Mittagsp
Enge
929
Blockau
1
2
3
4
5
6
7
8

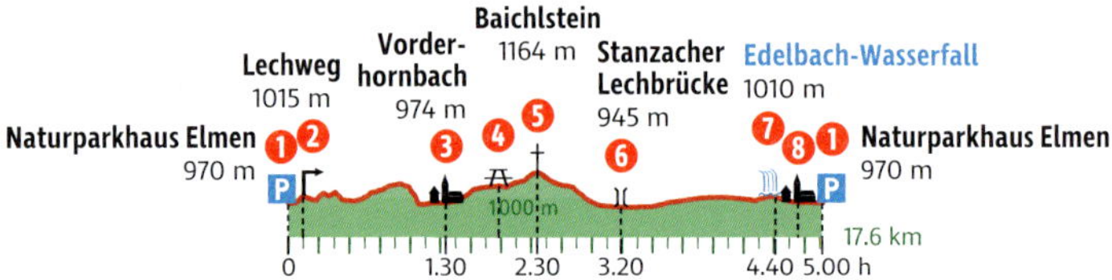

sehr steilen Pfad eingetreten hat, ist sicheres Auftreten gefordert! (Wir passieren wieder den abzweigenden Pfad nach Spiesemühl. Der Pfad stellt eine etwa 300 m kürzere, stellenweise steile Alternative dar, um zur Stanzacher Lechbrücke zu gelangen.) Gut 100 m weiter und nach 15 Minuten vom Gipfel stoßen wir auf den vom Aufstieg bekannten Wegweiser an der nordwestlichen Ecke des Mooses. Er weist uns rechts den Weg zur Antonius- (Stanzacher) Lechbrücke.

Die Lechschleife nutzt einen sich senkenden Forstweg, der nördlich um den Baichlstein herumführt. Es öffnen sich Tiefblicke in die Schlucht des Wiesbaches sowie auf den Lechzopf aus niederer Warte. Nach 20 Minuten erreichen wir den asphaltierten Radweg und gehen auf ihm in 10 Minuten zur **Stanzacher Lechbrücke (6)**, 945 m. An Wochenenden kann der Radweg stark frequentiert sein; es ist deshalb ratsam, konsequent rechts zu gehen!

Um von der Stanzacher Lechbrücke in etwa 90 Min. nach Elmen zu gelangen, wechseln wir über die Lechbrücke an das gegenüberliegende Ufer und folgen kurz dem Lech aufwärts. Der Weg entfernt sich in einem S-Bogen vom Fluss. Am Waldrand, an einer Bank und einem Werbeschild des Hotels Föhrenhof, gehen wir rechts in einen Kiefernwald und in einem Linksbogen zur B 198 und unter ihr hindurch (ca. 1200 m ab Lechbrücke). Nun bewegen wir uns auf einem Radwanderweg und der ehemaligen Straße zwischen Stanzach und Elmen. Der Weg steigt oberhalb der B 198 allmählich im Wald an. Wir blicken auf den Fluss und die Berge im Süden.

Etwa 3 km nach der Lechbrücke überqueren wir ein Bachbett über eine Holzbrücke. Bevor wir Elmen erreichen, verlassen wir die Lechschleife, um zu einem weiteren Höhepunkt unserer Wanderung, dem Edelbach-Wasserfall zu gelangen, der von der offiziellen Lechschleife nur aus der Ferne zu sehen ist. Deshalb biegen wir ca. 5 m vor Austritt aus dem Wald und einer elektrischen Weidesperre links ab auf einen Schotterweg, der uns direkt an den Fuß des **Edelbach-Wasserfalls (7)** führt. Nach einem beschaulichen Aufenthalt erreichen wir das nahe gelegene Dörfchen **Elmen (8)**, 976 m. Hier finden wir den Gasthof Kaiserkrone und die Bushaltestelle am Gemeindehaus. Von dort wird unter der B198 hindurch durch Wiesen das **Naturparkhaus (1)** erreicht.

Edelbach-Wasserfall.

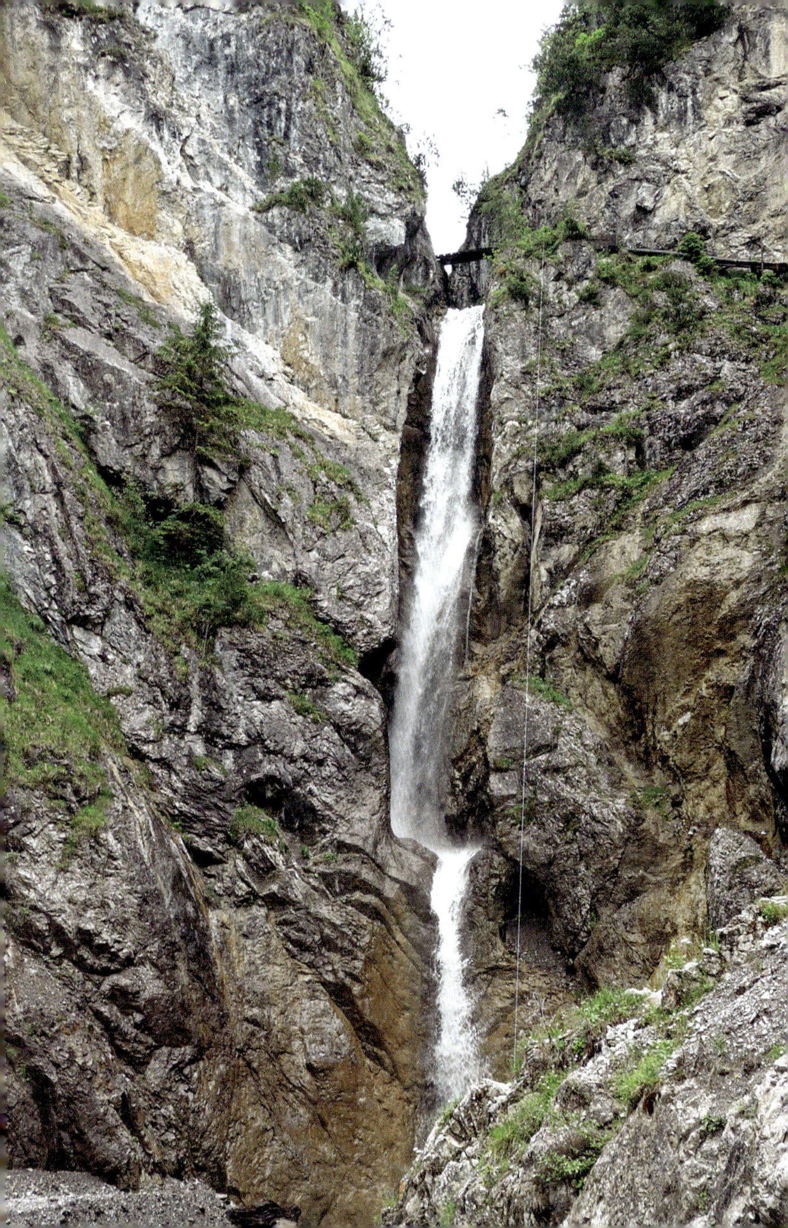

L 6 Von Vorderhornbach nach Weißenbach

3.45 Std.
15,6 km

Immer am Fluss entlang

Diese Flachetappe führt immer nah am Fluss entlang durch das kastenförmige Lechtal und über die vom Fluss aufgeschütteten Schotterflächen mit ihrer eigenen Flora und Fauna.

Ausgangspunkt: Vorderhornbach, 974 m. Erreichbar: Buslinie 110 Reutte–Warth/Lech. B 198 Reutte–Lech, auf die linke Lechseite südlich von Stanzach bzw. nördlich von Elmen abzweigen.
Endpunkt: Weißenbach, 885 m. Erreichbar: Buslinie 110. B 198.
Höhenunterschied: Aufstieg 40 m, Abstieg 130 m.
Anforderungen: Außerordentlich gering, Flachetappe.
Einkehr: In Vorderhornbach, Stanzach und Weißenbach.
Information und Unterkunft: Lechtal Tourismus (info@lechtal.at, Tel. +43 5634 5315). Siehe auch Infoboxen zu Vorderhornbach (S. 79), Stanzach (S. 90) und Weißenbach (S. 93).
Tipp: Route über den Baichlstein legen (gut 1 Std. länger; siehe LS 5).

Vorderhornbach.

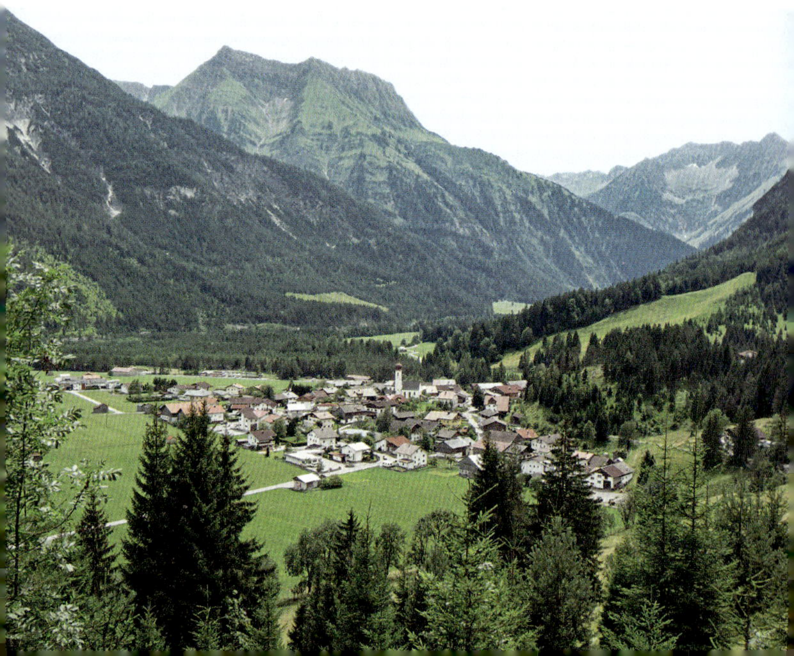

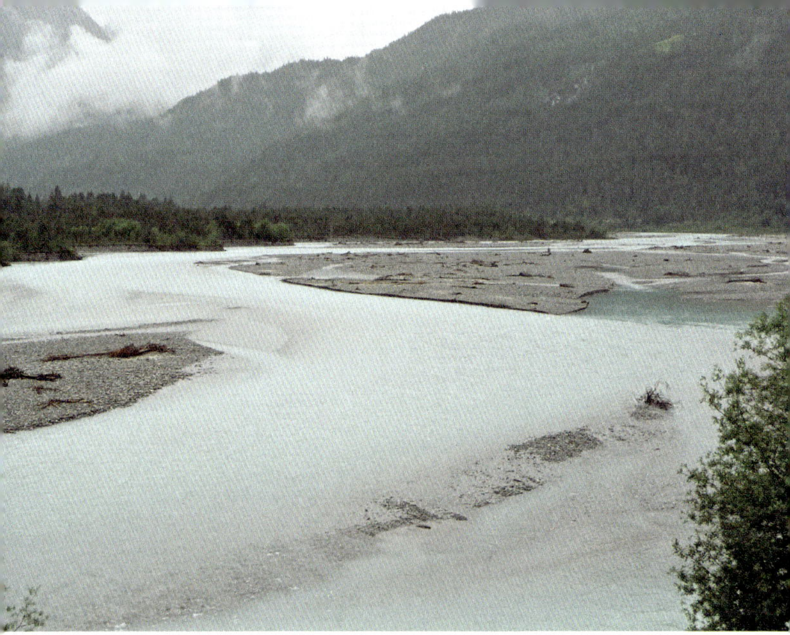

Schotterbänke des Lechs bei Forchach.

In **Vorderhornbach (1)**, 974 m, läuft der Lechweg vom Südeingang am Hornbach und der Bushaltestelle Gasthaus Kreuz (geschlossen) westlich und nördlich um die Kirche herum. Von der Bushaltestelle Dorf an der Hauptstraße nahe dem Gemeindeamt leitet der Weg nach Nordosten in die Wiesen hinein bis vor die Straße, die zur Stanzacher Brücke führt.

Abstecher zum Baichlstein: Wenn wir ein kurzes Stück an der Straße entlanggehen, treffen wir auf einen Wegweiser zum Aussichtsberg Baichlstein. Bis zum 1164 m hohen Gipfel steigen wir 220 Höhenmeter auf einem Pfad auf und sollten für das Unternehmen gut eine Stunde einplanen. Von oben blickt man auf den berühmten Lechzopf, die vom Fluss wie einen Zopf geflochtenen Schotterbänke, hinab. Empfehlung: Wer über den Baichlstein gehen und damit die 6. Etappe des Lechwegs wesentlich reizvoller gestalten möchte, sollte bereits ab Vorderhornbach bis zur Stanzacher Brücke der Lechschleife LS 5 folgen (gut 1 Std. länger).

Zurück auf dem Lechweg werden wir durch Wiesen in den Auwald geleitet. Dort führt ein Pfad hindurch, anschließend gehen wir in 35 Min. auf einem

Schotterweg am Flussufer abwärts zur **Stanzacher Brücke (2)**. Um die Brücke zu queren, beschreiben wir einen kleinen Bogen. Anschließend nutzen wir den Schotterweg am rechten Lechufer bis zur Mündung des Namloser Bachs, um nach **Stanzach (3)** hineinzulaufen.

i ***Stanzach***
Der Ort (939 m, ca. 440 Einwohner) wird vom Namloser Bach durchflossen. Die Pfarrkirche St. Michael wurde 1660 erbaut. Nach einem Brand wurde sie im Innern im Nazarenerstil gestaltet. Freies Parken nördlich der Brücke über den Namloser Bach.
Unterkunft: *Föhrenhof (3-Sterne-Hotel am Ortsrand, größtes Hotel im Ort, Tel. +43 5632 371, hotel-foehrenhof.at, info@hotel-foehrenhof.at).*
Information: *Ortsstelle von Lechtal Tourismus südlich der Namlosbrücke (Tel. +43 5632 6605, lechtal.at/stanzach, stanzach@lechtal.at).*

In Stanzach überqueren wir den Namloser Bach, kehren zum Lech zurück und treffen auf einen überdachten Rastplatz. Nun begleiten wir den Lech auf einem schönen Pfad immer dicht am Ufer, bis er in den parallel verlaufenden Schotterweg mündet. Weiter dicht am Wasser entlang übersteigen wir zahlreiche Buhnen, Steindämme, die den Fluss in die gewünschte Richtung lenken und gleichzeitig der Landgewinnung und -sicherung dienen. Wir wandern durch Wald und Viehweiden bis zur 75 m langen hölzernen **Hängebrücke von Forchach (4)**, 910 m (1.25 Std. ab Stanzach). Von dem komfortablen Rast- und Grillplatz sollten wir einen kurzen Ausflug auf die Brücke mit Blick von oben auf den Lech und seine Schotterbänke sowie zum gegenüberliegenden Ufer, das ein kleiner Wasserfall ziert, wagen.
Wir folgen weiter dem Schotterweg am rechten Lechufer entlang durch Wald und Weiden. Auf der **Johannesbrücke** wechseln wir auf die linke Seite des Lechs. Wir finden Sitzgelegenheiten und frisches Wasser im Dreibrunnen. Wir wenden uns zum Fluss und es geht auf zwei holprigen Fahrspuren unter einer Telegrafenleitung weiter (dieser Weg kann auf den ersten ca. 300 m durch einen Pfad direkt über dem Lechufer ersetzt werden). Dann biegt der Lechweg von der Leitungstrasse ab, kreuzt ein Teersträßchen und wir stehen unmittelbar an einem Baggersee mit Bänken sowie den großen Grill-, Rast und Badeplätzen des **Erholungsgebietes Weißenbach (5)**.

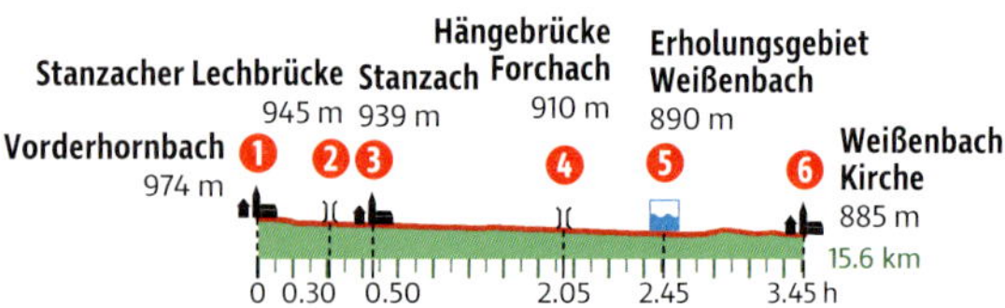

Lechzopf zwischen Stanzach und Forchach.

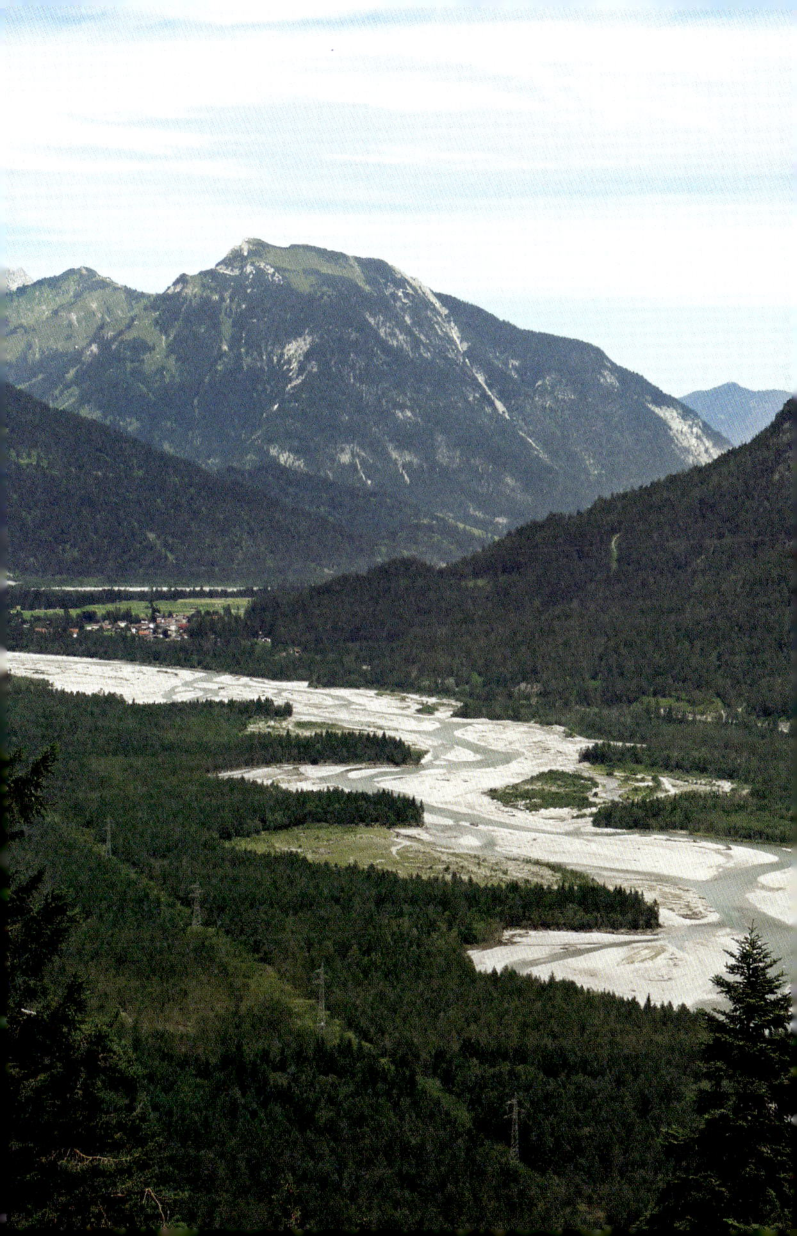

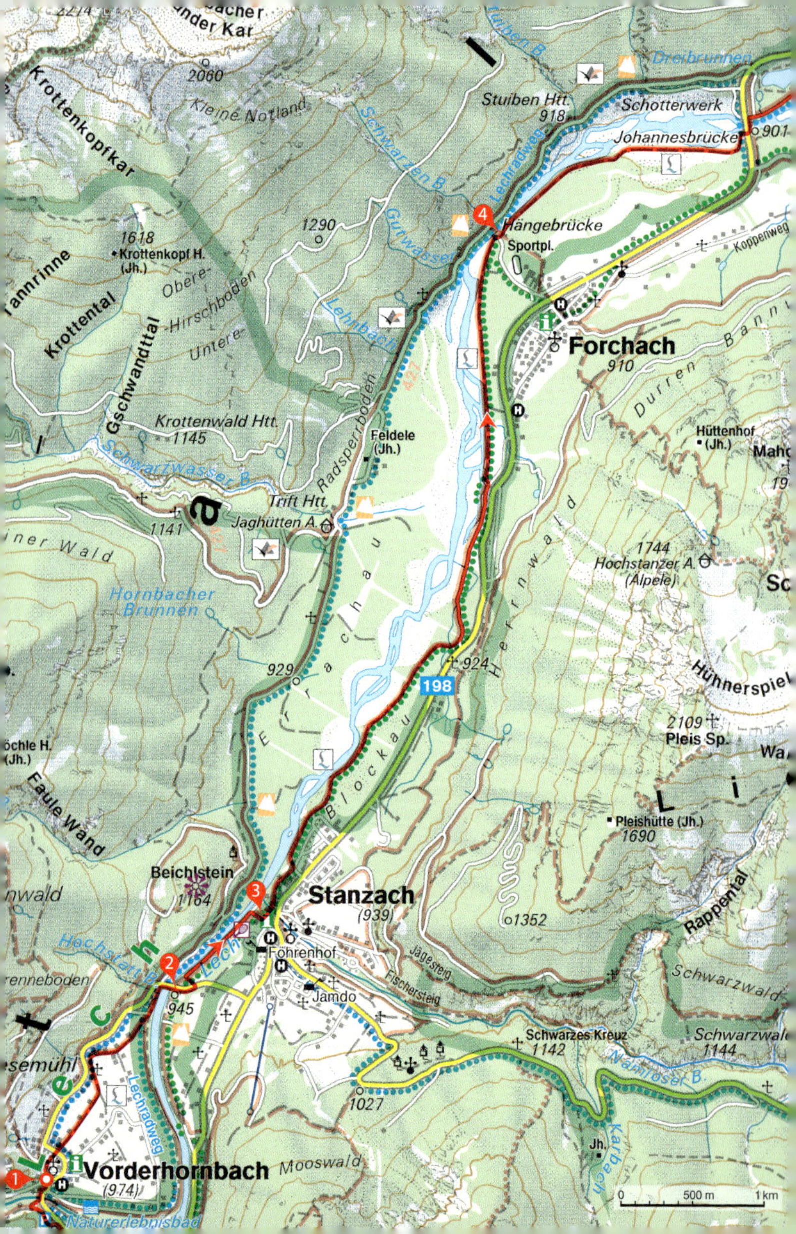

Krottenkopfkar
Kleine Notland
2060
Schwarzen B.
Stuiben B.
Dreibrunnen
Stuiben Htt.
918
Schotterwerk
Johannesbrücke
901
Lechradweg
4
Hängebrücke
Sportpl.
Koppenweg
1618
Krottenkopf H. (Jh.)
1290
Gutwasser
Tannrinne
Krottental
Gschwandttal
Obere-
Hirschboden
Untere-
Lehnbach
Forchach
910
Krottenwald Htt.
1145
Radsperrboden
Feldele (Jh.)
Hüttenhof (Jh.)
Schwarzwasser B.
Trift Htt.
Jaghütten A.
1141
1744
Hochstanzer A.
(Älpele)
Hornbacher Brunnen
929
924
198
Blockau
Herrnwald
Hühnerspiel
2109
Pleis Sp.
Faule Wand
Pleishütte (Jh.)
1690
Beichlstein
1164
3
Stanzach
(939)
1352
Rappental
Hochstatt B.
2
Lech
Föhrenhof
Jamdo
Jägersteig
Fischersteig
945
Schwarzes Kreuz
1142
Schwarzwald
1144
Namloser B.
1027
Lechradweg
Karbach
1
Vorderhornbach
(974)
Mooswald
Naturerlebnisbad
0
500 m
1 km

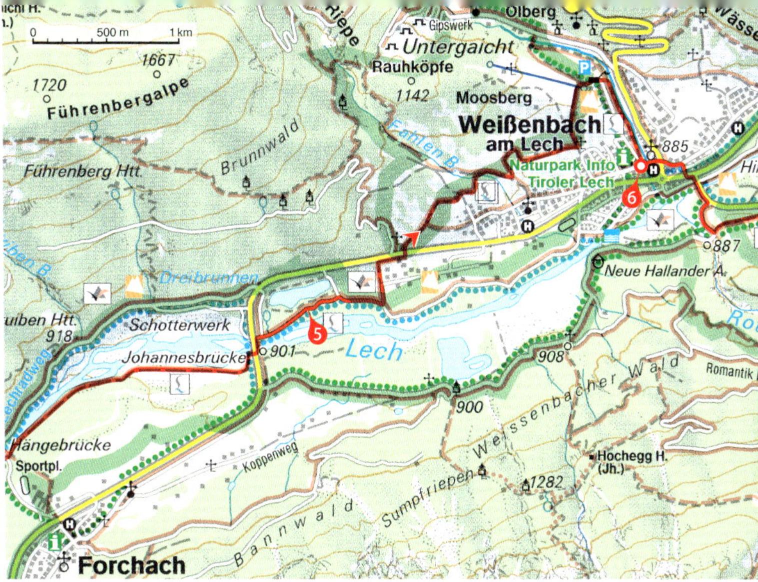

Nun müssen die Markierungen genau beachtet werden, denn die Wegecharakteristik wechselt in kurzen Abständen zwischen Pfad und Teerweg. Achtung, bevor wir aus dem Wald austreten, biegt der Lechweg links in einen Pfad ein, der über den Rücken einer Buhne vom Lech wegläuft! Wir queren die B 198 und wandern hangseitig am Fuß des Moosberges durch eine reizvolle Wiesenlandschaft um Weißenbach herum – ein willkommener Landschaftswechsel. Dabei passieren wir einen Rastplatz und ein idyllisches Feuchtgebiet. Ein Almweg ermöglicht uns eine Einkehr im Musikantenstadel. Schließlich führt ein hinter einem Weidezaun versteckter Pfad (Loachweg) am Weißenbach hinab in den Ort. Links geht es zur Kirche und zur Bushaltestelle, rechts lädt nach etwa 200 m auf der Dorfstraße von **Weißenbach (6)**, 885 m, der empfehlenswerte Gasthof Goldenes Lamm zur Einkehr.

***i* Weißenbach**

Der Ort (885 m, ca. 1260 Einwohner) liegt am Fuß des Gaichtpasses zum Tannheimer Tal. Am Weißenbach (Loach) liegt eine Kneippanlage idyllisch im Wald.

***Unterkunft:** Hotel-Gasthof Goldenes Lamm (3 Sterne, Restaurant nur mit Vorreservierung, Oberbach 14, Tel. +43 5678 5216, goldenes-lamm.at, hotel@goldenes-lamm.at).*

***Information:** Tourismusverband Naturparkregion Reutte, Büro Weißenbach, Kirchplatz 3, Tel. +43 5678 5303, weissenbach@reutte.com.*

L7 Von Weißenbach über Höfen nach Pflach

5.15 Std.
19,0 km

Vom Tal in die Berghänge des Reutter Talkessels und zurück in die Au

Am Beginn und Ende steht eine Talwanderung dicht am Lech entlang, die wohltuend durch eine aussichtsreiche Bergwanderung mit Tiefblicken in den Reutter Talkessel unterbrochen wird.

Ausgangspunkt: Weißenbach, 885 m. Erreichbar: Buslinie 110 Reutte–Warth/Lech, Haltestelle Dorf. B198 Reutte–Steeg.
Endpunkt: Pflach, 840 m. Erreichbar: Buslinie 74 Reutte–Füssen, Haltestelle Kulturhaus.
Höhenunterschied: Aufstieg 385 m, Abstieg 430 m.
Anforderungen: Zunächst extrem flach, dann auf und ab auf breiten Wegen, Kurzer steiler Bergpfad zur Costarieskapelle.
Einkehr: In Weißenbach. In Höfen, Holz, am Frauensee und in Pflach.
Information und Unterkunft: Tourismusverband Naturparkregion Reutte (Tel. +43 5672 62336, reutte.com, info@reutte.com oder Büro Weißenbach (Kirchplatz 3, Tel. +43 5678 5303) oder Büro Höfen (Hauptstr. 24, Tel. +43 5672 64937).
Tipps: Besuch der Alpentherme Ehrenberg. Besuch der Burgenwelt Ehrenberg (siehe LS6). Wandertag auf dem Hahnenkamm.

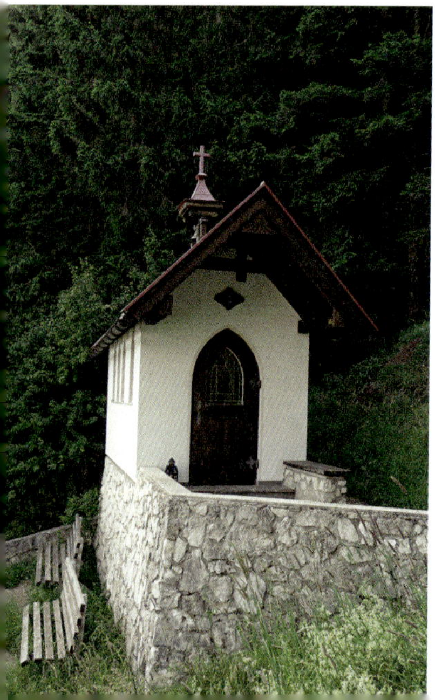

Wir starten an der Kirche in **Weißenbach (1)**, 885 m. An der gegenüberliegenden Seite der Straße zum Gaichtpass gehen wir durch die Straßen »Unterbach« und »Mühlbachweg«, nutzen die Straßenunterführung und die Riedener Brücke über den Lech. Wir halten uns von der L260 rechts in einen Seitenweg zum Ausgang der Rotlechschlucht, die wir vor einer Brücke und einer Felswand bereits wieder links hinauf verlassen. Durch Wiesen geht es kaum merklich nach **Rieden (2)**, 884 m, hinab (40 Min.). Ein netter Platz an der Kapelle lädt bereits jetzt zu einer Rast. Ein Wegweiser empfiehlt einen kurzen Abstecher zum etwa 400 m entfernten Biotop des Riedener Sees. Wer in sein Zeitbudget eine halbe Stunde einbauen

Costarieskapelle.

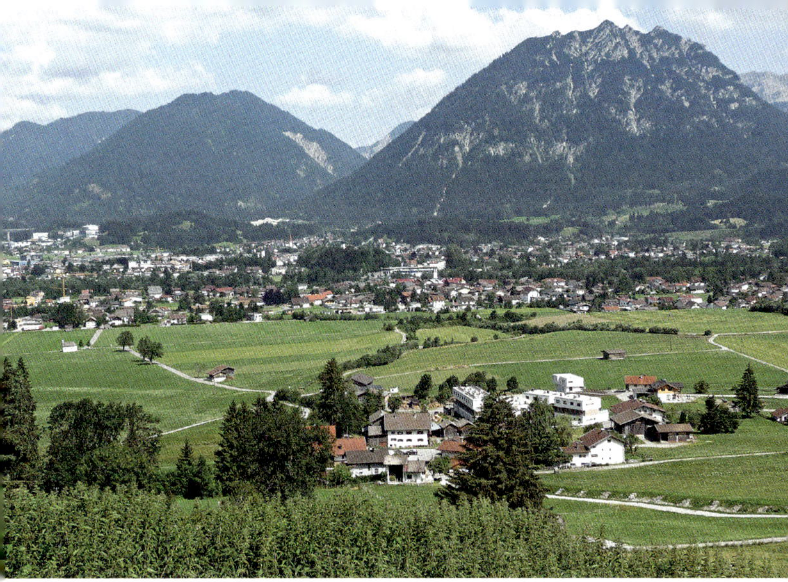

Blick vom Panoramaweg bei Wängle.

kann, dem sei der Abstecher angeraten. Ein Teersträßchen zieht an Felsen entlang aus dem Ort hinaus. Unter der L260 hindurch kommen wir zum Lechufer. Wir wandern auf einem breiten Kiesweg (mit ggf. starker Sonneneinstrahlung!) streckenweise durch Weidegebiet. Danach schützt uns angenehm ein grüner Tunnel aus Auwald bis zum **Lechsteg (3)**, 858 m, zwischen Ehenbichl und Höfen.

i Höfen

Der Ort (868 m, ca. 1200 Einwohner) liegt am Fuß des Hahnenkamms. Bevor der Flussquerschnitt verengt und die Brücken gebaut wurden, konnte der Lech hier in einer Furt über die Schotterbänke gequert werden. Früher verdingten sich die Höfener als Flößer. Der Segel- und Motorflugplatz in der Lechaue ist der einzige im Außerfern. Der Hahnenkamm ist mit den Reuttener Seilbahnen leicht erreichbar und bietet einen Almenblumengarten, einen Barfußpfad und schöne, leichte Almwanderungen zu bewirtschafteten Almen und Hütten.

***Unterkunft/Einkehr:** Die Lilie – Hotel Garni (Tel. +43 5672 63211, gasthof-lilie.at). Restaurant Sennerland (Tel. +43 5672 72400, sennerland.at).*

***Information:** Tourismusverband Naturparkregion Reutte, Büro Höfen, Hauptstr. 24, Tel. +43 5672 64937, reutte.com.*

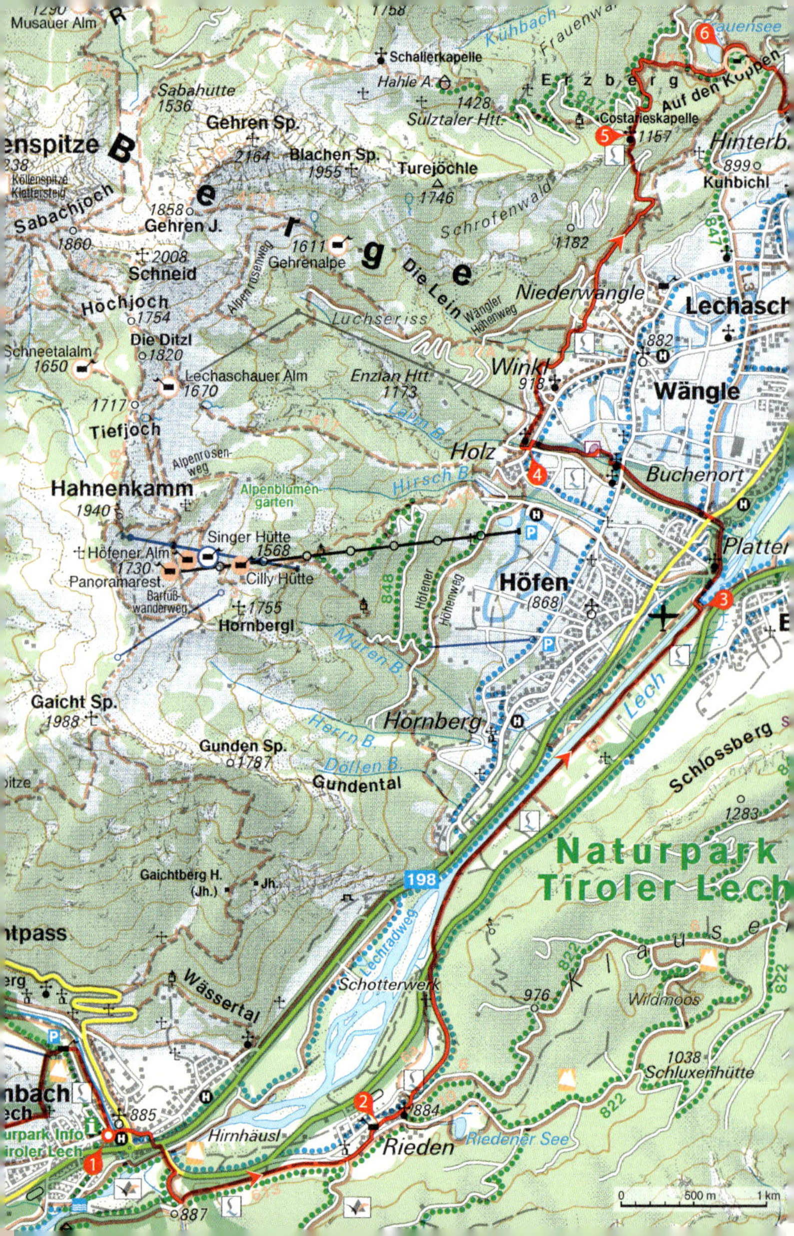

Musauer Alm
Kühbach
Frauensee
Schallerkapelle
Hahle A.
Erzberg
Auf den Köpfen
Sabahütte
1536
Gehren Sp.
1428
Sulztaler Htt.
Costarieskapelle
1157
Hinterb
Köllenspitze
Köllenspitze Klettersteig
2164
Blachen Sp.
1955
Turejöchle
1746
899
Kuhbichl
Sabachjoch
1858
Gehren J.
Schrofenwald
1860
2008
Schneid
1611
Gehrenalpe
Alpenrosenweg
Die Lein
1182
Niederwängle
Lechasch
Hochjoch
1754
Luchseriss
Wängler Höhenweg
882
Die Ditzl
1820
Schneetalalm
1650
Lechaschauer Alm
1670
Enzian Htt.
1173
Winkl
918
Wängle
1717
Tiefjoch
Lahn B.
Holz
Alpenrosen-weg
Buchenort
Hahnenkamm
Alpenblumen-garten
Hirsch B.
1940
Singer Hütte
1568
Platter
Höfener Alm
1730
Panoramarest.
Cilly Hütte
Höfen
(868)
Barfuß-wanderweg
1755
Hornbergl
848
Höfener Höhenweg
Muren B.
Lech
Gaicht Sp.
1988
Hornberg
Herrn B.
Schlossberg
Gunden Sp.
1787
Döllen B.
Gundental
1283
Naturpark Tiroler Lech
198
Gaichtberg H. (Jh.)
Jh.
Lechradweg
Klause
Wildmoos
Wässertal
Schotterwerk
976
1038
Schluxenhütte
822
885
884
Hirnhäusl
Rieden
Riedener See
887
0
500 m
1 km

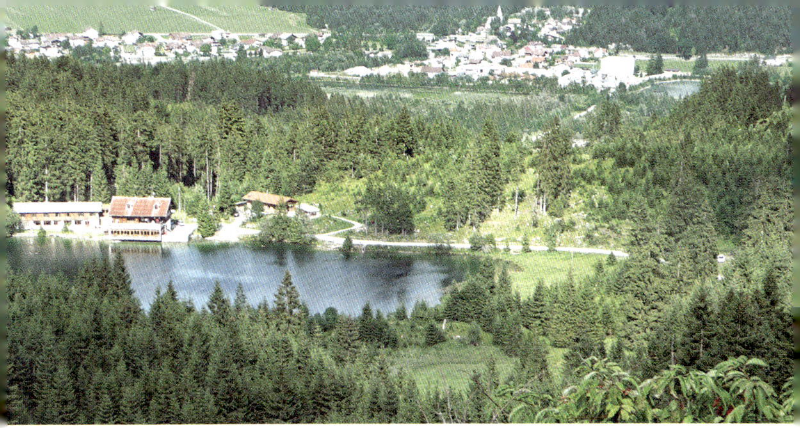

Blick auf den Frauensee.

Über den **Lechsteg** wechseln wir die Flussseite und begleiten den Lauf des Lechs am linken Ufer an der Staustufe vorbei bis zum Leinbach. An diesem aufwärts bis zur B198 zwischen Höfen und Lechaschau, wo wir an der in Fließrichtung linken Bachseite weitergehen. Achtung, nach 100 m auf Asphalt folgen wir links einem Pfad, der auf der Deichmauer des Baches bis zur Straße von Höfen nach Wängle verläuft! Dort kurz rechts an dieser entlang und mit einem kleinen Schwenk immer auf Asphalt weiter aufwärts bis **Holz (4)**, 935 m.
In Höhe des Hotels Talhof wenden wir uns rechts zum Panoramahöhenweg, der uns durch ein Weidegatter erschlossen wird. Der bequeme Weg läuft oberhalb von Winkel und Wängle im Hang zwischen Wald und Wiesen. Am Oberhofweg, der zur Kirche in Wängle hinabführt, wird kurz abgestiegen. Sogleich geht es aber links an ein paar Häusern vorbei auf breitem Güterweg weiter und wieder durch ein Weidegatter in den Wald. Drei Minuten nachdem der ansteigende Schotterweg eine Linksschleife vollzogen hat, folgen wir rechts einem sehr steilen felsigen Pfad in 10 bis 15 Minuten hinauf zur **Costarieskapelle (5)**, 1157 m (Bänke, herrliche Aussicht auf Wängle und die Bergumrahmung des Reutter Talkessels).

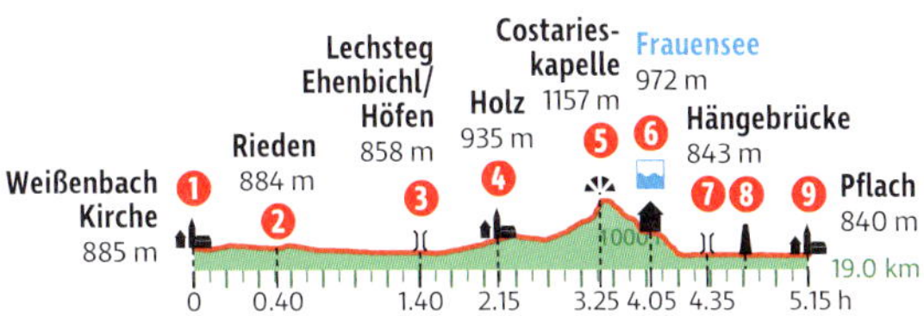

Von der Kapelle gehen wir in 40 Minuten auf einem Forstweg und einem abkürzenden Pfad hinab zum romantischen **Frauensee (6)**, 972 m (Einkehr Frauenseestube tägl. 10–20 Uhr, Bademöglichkeit).
Danach geht es auf der Zugangsstraße zum Frauensee hinab bis in eine scharfe Rechtskurve. Hier folgen wir links einem steilen Pfad abwärts und nach einer Felswand links einem Forstweg nach **Hinterbichl**. Wir passieren das Ortsausgangsschild von Hinterbichl und biegen an einer Schranke rechts ab über einen idyllischen Bach. Auf einem Damm wandern wir durch den Auwald bis zur **Hängebrücke (7)**, 843 m (30 Min. ab Frauensee), wo der Lech gequert wird.
Der Lechweg leitet auf einem weiteren Damm, einer Kiesstraße, teilweise schattigen Kieswegen und Holzstegen mit Blick auf die majestätische Gestalt des Säuling durch nie Aue zum 18 Meter hohen **Vogelbeobachtungsturm (8)**, 840 m. Der Vogelerlebnispfad mit seinen fünf Stationen, an denen Vogelstimmen abgerufen werden können, schließt sich an. Wir überqueren den Archbach (Rastplatz) und folgen ihm ab einem Marterl zur Erinnerung an das Hochwasser von 2005 scharf links über einen Hochwasserdamm.

Stillwasser in der Pflacher Au.

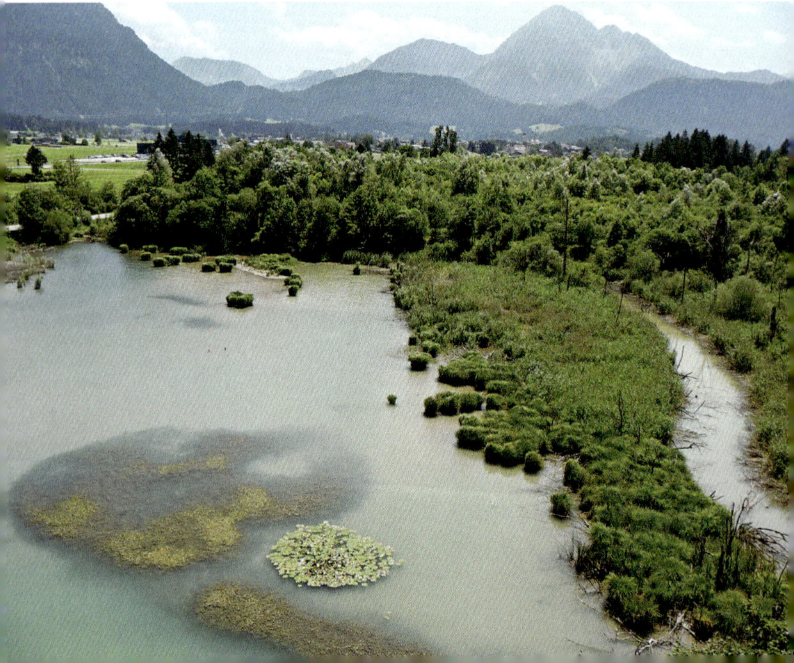

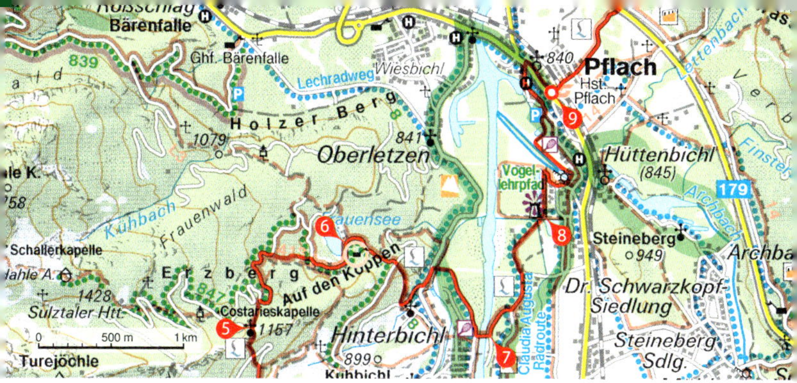

Wir wandern zwischen Sportplatz und Tennisplätzen sowie Forellenteichen hindurch. Am Ende der Wanderung bietet sich die Gelegenheit auf einer Schaukelbank zu entspannen, bevor ein winziger Anstieg aus der Aue zum Hochgestade und am Froschbrunnen vorbei schließlich zur Hauptstraße führt. Wir wenden uns nach rechts an der Kapelle vorbei in das kleine Zentrum von **Pflach (9)**, 840 m, mit Hotel, Bahnhof und der Bushaltestelle Kulturhaus.

i Reutte

Der Lechweg verläuft am westlichen Rand des Reutter Talkessels und umläuft dabei den Hauptort Reutte des gleichnamigen Bezirks und des Außerfern, was aus österreichischer bzw. Tiroler Sicht das Gebiet jenseits des Fernpasses bedeutet. Reutte (854 m, ca. 6500 Einwohner) liegt am Eingang in die bzw. Ausgang aus den Alpen. Bereits die Römerstraße Via Claudia Augusta nutzt das durch den Lech geschaffene Eingangstor. Die Ehrenberger Burgen (siehe dort) riegeln im Mittelalter den Zugang von Norden nach Tirol ab.

Im Jahre 1489 gewährt Erzherzog Sigismund dem Ort Marktrechte. Das jährlich am ersten Samstag im August stattfindende Marktfest erinnert daran. Die Marktgemeinde zählt heute ca. 6500 Einwohner. Sehenswert sind im Ortskern die traditionellen Amts- und Bürgerhäuser mit ihren Fassadenmalereien.

Zum Entspannen und als Schlechtwetteralternative ist die im Jahre 2011 eröffnete Alpentherme Ehrenberg eine gute Empfehlung (täglich geöffnet 10–21 Uhr, Sauna 10–22 Uhr, Thermenstraße 10, Navi: Alpenbadstraße, Tel. +43 5672 72222, alpentherme-ehrenberg.at).

***Unterkunft:** Gasthof-Hotel Zum Mohren (4 Sterne, traditionelle Tiroler Gastlichkeit mit allem Komfort, zentrale Lage, Untermarkt 26, A-6600 Reutte, Tel. +43 5672 62345, hotel-mohren.at, info@hotel-mohren.at, kein Ruhetag).*

***Information:** Tourismusverband Naturparkregion Reutte, Untermarkt 34, A-6600 Reutte, Tel. +43 5672 62336, reutte.com, info@reutte.com.*

LS 6 Burgenwelt Ehrenberg und highline 179

3.30 Std.
10,2 km

Eroberung des Festungssystems Ehrenberg

Aus dem Lechtal steigen wir teilweise steil auf Wegen und Pfaden hinauf zum Schlossberg mit einem der größten Burgen- und Festungssystemen der Alpen und zur highline 179.

Ausgangs- und Endpunkt: Lechsteg zwischen Höfen und Ehenbichl, 858 m. Erreichbar: Buslinie 110 Reutte–Warth/Lech, Haltestelle Höfen Tourismusbüro. An der B 198 Reutte–Höfen, Parken am Tourismusbüro, oder an der L 260 Reutte–Ehenbichl, Parken am Sportplatz.
Höhenunterschied: 440 m im Auf- und Abstieg.
Anforderungen: Steile Pfade zur Burg Ehrenberg und zur Festung Schlosskopf.
Einkehr: In Höfen. In Ehenbichl Hotel Maximilian (Tel. +43 5672 62585, hotel-maximilian.at) sowie in der Ehrenberger Klause.
Information: ehrenberg.at, Tel. +43 5672 62007.
Tipps: Gang über die highline 179. Besuch des Erlebnismuseums »Dem Ritter auf der Spur« und der Naturausstellung »Der letzte Wilde« in der Ehrenberger Klause.

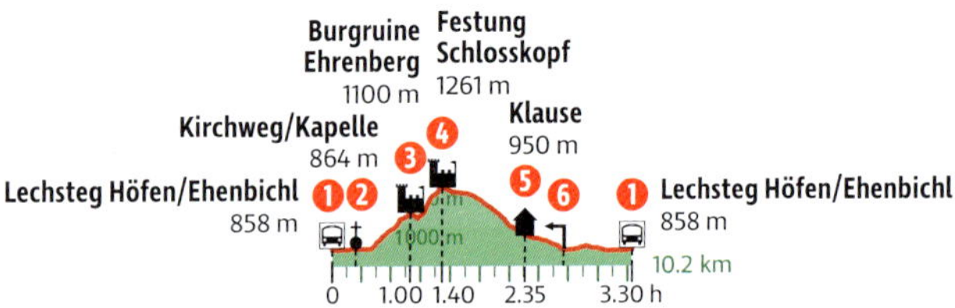

Der **Lechsteg (1)**, 858 m, zwischen Höfen und Ehenbichl ist offiziell Beginn und Ende dieser Lechschleife, die uns zu einem der markantesten Punkte des Außerfern hinaufführt, dem Festungskomplex Ehrenberg, einer der größten und bedeutendsten Festungsanlagen Europas. Starten wir am Lechsteg, so gehen wir am rechten Ufer flussabwärts, bis wir durch eine Unterführung unter der L 260 nach **Ehenbichl**, 862 m, hineingehen können. Wir wenden uns nach links und gehen durch den Schulweg vorbei am Dorfladen und rechts in den Kirchweg (30 m links ein Brunnen). Auf dem Weg an der **Kapelle (2)**, 864 m, vorbei haben wir die Festung Schlosskopf bereits vor bzw. über uns. Durch die im Frühsommer besonders beeindruckend blühenden Wiesen weist ein gelber WW in den Bergwald. Ein Pfad schlängelt sich durch stimmungsvollen Mischwald hinauf. Wenn von links unten ein Pfad herankommt, ist der Aufstieg bald geschafft. Wir treten durch die Sperrmauer in die Burgruine ein. Nach weiteren 200 m haben die heutigen Besucher ebenso wie die früheren Verteidiger von den Mauern der Anlage **Ehren-**

berg (3), 1100 m (Rastplätze, Aussicht), – wie es einer derartigen Anlage gebührt – einen weiten Blick ins Land, insbesondere in das Reutter Becken mit seinen Siedlungen und Verkehrswegen.
Ein Gang über die **Hängebrücke highline 179** führt über das Tal hinweg zum Fort Claudia. Für den Aufenthalt in der Burgruine und für den Gang über die Hängebrücke sollte 1 Stunde Zeit eingeplant werden.

***i* Burgen- und Festungssystem Ehrenberg**

Burg Ehrenberg wird um 1290 in 1100 m Höhe über der Engstelle zu Beginn des Übergangs über den Fernpass erbaut. Die Burg soll Tirol nach Norden und gegen Bayern sichern. Die Ehrenberger Klause wird 1317 erstmals urkundlich erwähnt. Durch sie kann der Verkehrsweg effizienter kontrolliert und eine einträgliche Zollstation betrieben werden. Burg und Klause werden 1609 unter Erzherzog Maximilian III. weiter ausgebaut und verstärkt. Nachdem Burg und Klause von der gegenüberliegenden Talseite unter Kanonenfeuer geraten waren, errichtet Regentin Claudia von Medici, Witwe Erzherzogs Leopold V., dort von1639 bis 1645 das kleine ***Fort Claudia****. Aus ganz ähnlichem Grund wird von 1733 bis 1741 die* ***Festung Schlosskopf*** *gebaut. Denn über die flachere Südseite des Schlossberges konnten Kanonen herangebracht werden und die Burg von oben beschossen werden. Bereits 1782 (und damit vor dem zwei Jahrzehnte später stattfindenden Eindringen napoleonischer und bayerischer Truppen nach Tirol) wurde das gesamte Befestigungssystem – wie fast alle anderen in Tirol – aufgelassen und auf Abbruch verkauft.*

Die ***Burgenwelt Ehrenberg*** *bietet in der Klause Freizeitvergnügen für Familien mit Kindern. Im Erlebnismuseum können Kinder die mittelalterliche Ritterwelt miterleben. 14 Themen in 14 Räumen zur Ritter- und Burgenwelt bleiben »Dem Ritter auf der Spur«. Dem Lech ist die Naturausstellung »Der letzte Wilde« gewidmet. Hier wird u. a. ein Vogelflug über den Lech geboten. Hotel und Gastronomie runden das Angebot ab. Am letzten Wochenende im Juli finden jedes Jahr die Ritterspiele Ehrenberg statt. Geboten werden Ritterturniere, Mittelaltermarkt, Feuerwerke und Konzerte. Öffnungszeiten Museum: täglich von 10–17 Uhr. Mitte November bis zum 26. Dezember geschlossen. ehrenberg.at, Tel. +43 5672 62007.*

Die im Jahr 2015 eröffnete ***highline 179*** *nennt sich die weltweit längste Fußgängerhängebrücke im Tibet Style. Sie überspannt die B 179 zwischen Burg Ehrenberg und Fort Claudia auf der gegenüberliegenden Talseite über 406 m und einer maximalen Höhe von 114 m. Acht je 17 m lange Felsanker sichern die Brücke, deren 70 Tonnen Eigengewicht und das Gewicht von maximal 500 Personen durch vier Tragseile mit je 60 mm Durchmesser getragen werden. Geöffnet: täglich von 8 bis 22 Uhr. Tickets am Ticket-Automaten an der Brücke oder im Besucherzentrum Ehrenberg. Seit 2019 befördert ein Schrägaufzug die Massen an Besuchern von der Klause aus hinauf zur Burg.*

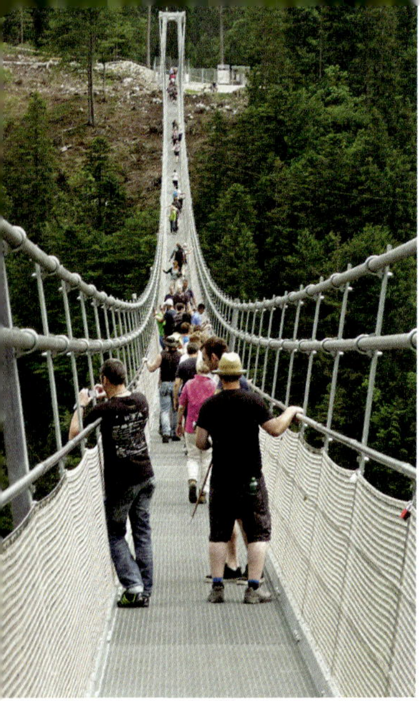

highline 179.

Nach der Besichtigung der Burganlage folgen wir dem Wegweiser hinauf zur **Festung Schlosskopf (4)**, 1261 m (evtl. gesperrt! Aussichtsbänke, Wetterschutz und Getränkeautomat in der Ruine). Auf steilem Pfad kraxeln wir die 150 Höhenmeter in etwa 30 Minuten hinauf. Diese mächtige Festung wurde gebaut, um den vergleichsweise leichten Weg von Südosten über den Schlossberg abzusperren und Ehrenberg im wahrsten Sinne des Wortes den Rücken frei zu halten. Der Rundblick von hier oben ist noch weiter und grandioser. Zahlreiche Tafeln erläutern den Festungsbau und die Geschichte der Anlage.

Die Festung Schlosskopf verlassen wir auf breitem Forstweg nach Südwesten über den Rücken des **Schlossbergs**, wobei wir uns vorstellen können, wie hier die Kanonen herangerollt wurden. Nach ca. 15 Minuten biegen wir scharf links auf einen schönen Pfad in die

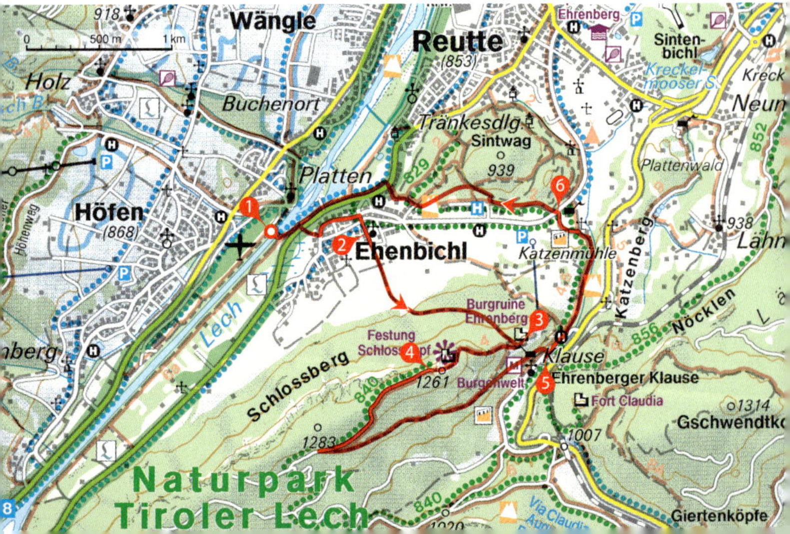

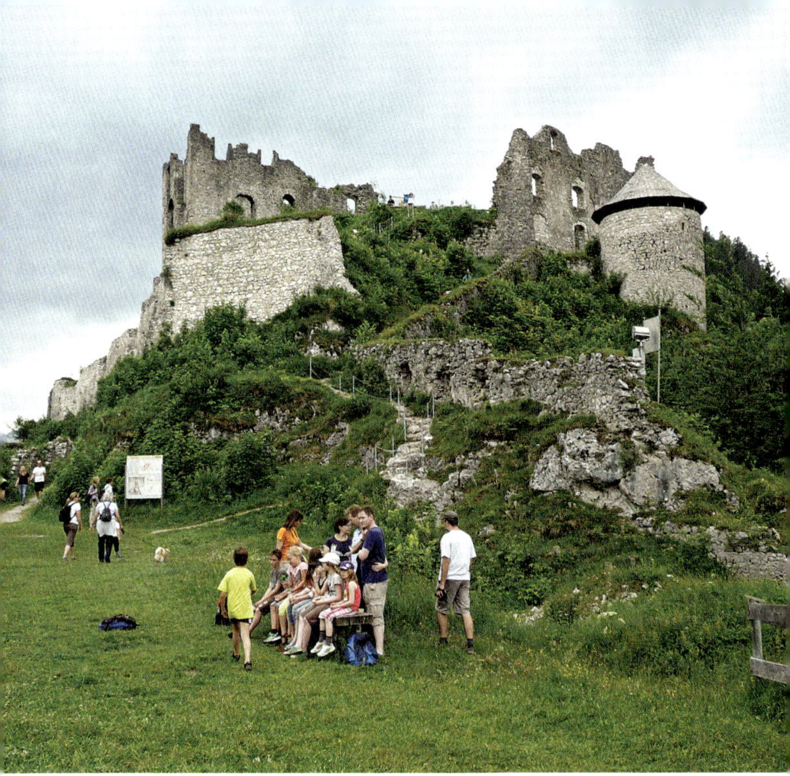

Burgruine Ehrenberg.

Südflanke des Berges ab. Nach 25 Minuten stoßen wir auf den breiten Weg, der von der Klause zur Festung Ehrenberg Scharen von Halbschuhtouristen transportiert. Wir wandern diesen Weg hinab und erreichen die **Klause (5)**, 950 m, nach ungefähr 500 m Weglänge. Hier finden wir ein Museum, die Burgenwelt Ehrenberg, Einkehrmöglichkeiten, einen Spielplatz und etwas weiter einen großen Parkplatz.

Auf dem Rückweg überqueren wir den Parkplatz nach Norden und folgen dem Wegweiser Richtung Reutte-Ehenbichl auf einem Schotterweg, der bald zum schattigen Hohlweg wird. Durch Wiesen erreichen wir die **Krankenhausstraße (6)**, überqueren sie nach links und gehen hinter der Klinik durch Wald bis zur Ehenbichler Straße. Nun schließen wir den Kreis, indem wir auf dem Radweg entlang der L 260 zurück zum **Lechsteg (1)**, 858 m, gehen.

L8 Von Pflach zum Lechfall bei Füssen

4.45 Std.
14,9 km

Schlussakkord: Grenzüberschreitung auf dem internationalen Wanderweg

Eine der schönsten Etappen zum guten Schluss. Mit der Überschreitung der Grenze vom Außerfern ins Allgäu und in das Gebiet der bayerischen Königsschlösser bis zum reizenden Städtchen Füssen wird der Lechweg zum internationalen Wanderweg.

Ausgangspunkt: Pflach, 840 m. Erreichbar: Buslinie 74 Füssen–Reutte, Haltestelle Pflach Kulturhaus. An der L69 Reutte–Vils. Parken in der Nähe des Vogelbeobachtungsturms.
Endpunkt: Füssen, Lechfall, 800 m. Erreichbar: Buslinie 74, Haltestelle Tiroler Straße. B17 Füssen–Grenze. Parken: großer Parkplatz am Baumwipfelpfad.

Höhenunterschied: Aufstieg 490 m, Abstieg 530 m.
Anforderungen: Gute breite Wege und Pfade, 5 m langer, schwieriger Steig (Drahtseil).
Einkehr: In Pflach, in Hohenschwangau, am Lechfall und in Füssen.
Unterkunft, Information und Tipps: Siehe Infobox Füssen (S. 108/109).

In **Pflach (1)**, 840 m, folgen wir von der L69 dem Hinweisschild zum Bahnhof. Auf einem asphaltierten Güterweg gehen wir mit Blick auf den Säuling durch Wiesen. Nachdem wir die Schnellstraße S179 unterquert haben, gehen wir links unterhalb des Straßendamms auf einem Schotterweg entlang. Nach etwa 600 m biegen wir rechts ab und steigen nach 100 m links steil bergan. Es bietet sich ein Blick auf den Lech und die Talumrahmung von Reutte. Nach dem Abstieg wandern wir etwa 200 m auf einem Pfad entlang der Kniepassstraße. Nun rechts hinauf in Richtung Sternschanze. Knapp 150 m nach der Passstraße leitet die Markierung links hinauf bis zur Hangkante und anschließend auf einem Pfad hinab. (Insbesondere bei starker Sonneneinstrahlung ist es allerdings empfehlenswert, dem ursprünglichen und schöneren Lechweg geradeaus durch den Hochwald zu folgen.)
Von der **Sternschanze (2)**, 895 m (45 Min. ab Pflach, Rastplatz), die früher ein vorgelagerter Teil des Festungssystems Ehrenberg war, steigen wir ab zu einem Forstweg und folgen dem Wegweiser Richtung Alpsee zunächst im Dürrental, dann aufwärts durch eine Almweide und durch Wald. Nach etwa

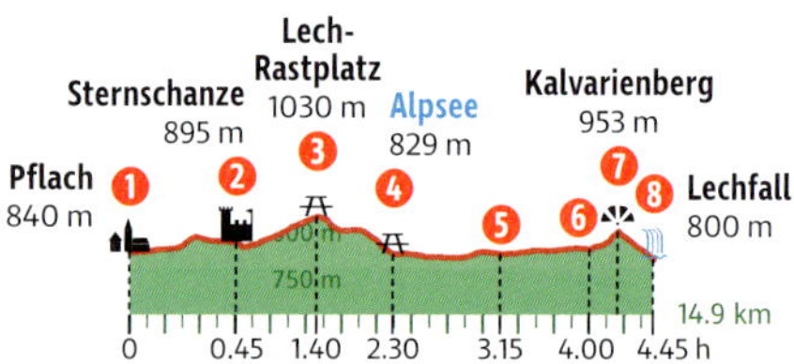

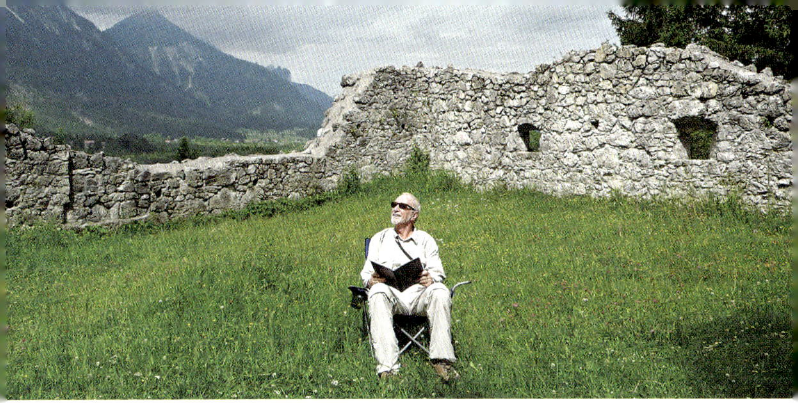

An der Sternschanze.

1 Std. biegen wir am höchsten Punkt unserer Wanderung an einem **Lech-Rastplatz (3)**, 1030 m, links ab. Auf einem Pfad überschreiten wir am Grenzstein mit der Beschriftung »Tirol/Bayern 1844« die österreichisch-deutsche Grenze. Bald danach geht es auf Kalkfelsen sehr steil hinab. Vorsicht bei Nässe! Drahtseile dienen der Selbstsicherung.

Nachdem die Schlüsselstelle der heutigen Etappe überwunden ist, bringt uns ein bequemer Kiesweg zu einem Wegkreuz. Hier biegen wir links auf den Kitzsteinweg ein, der sich als schöner Waldpfad durch den Nordhang oberhalb des Alpsees schlängelt. Ein Wegweiser zeigt rechts zum Gnomensteig (Israelit 5 Min., Alpsee 15 Min.). Beim Israelit handelt es sich um eine überhängende Felswand aus Kalkstein, die als Klettergarten genutzt wird. Auf den **Alpsee (4)**, 814 m, stoßen wir an einem Steg. Bänke mit Blick auf Schloss Hohenschwangau laden zur Rast.

Nun halten wir uns links und werden den Alpsee auf dem Alpsee-Rundweg im Uhrzeigersinn halb umrunden. Es öffnen sich Blicke auf die Königsschlösser und den Säuling über dem See. Wir passieren das Monument zu Ehren der bayerischen Königinmutter Marie. Immer wieder bieten sich Bänke an. Ging es zunächst eben am Ufer dahin, so steigt der Weg schließlich hoch über den See gegen die **Fürstenstraße (5)** auf, wobei der Aussichtspunkt Pindarplatz passiert wird. (Nach rechts in 10 Minuten bis Hohenschwangau.)

Der Lechweg wendet sich vom Alpsee ab, indem er die Fürstenstraße nach links zum Alpenrosenweg verlässt. Wir folgen dem nordseitig verlaufenden **Alpenrosenweg** etwa 30 Minuten. Nachdem wir aufgestiegen sind, geht es mehr oder weniger eben dahin. Rechts unten schimmert der Schwansee durch die Bäume; hin und wieder öffnen sich Blicke auf den Forggensee und ins Grün des Alpenvorlands. Wir steigen Richtung Ziegelwies ab, das in 15 Minuten erreicht werden könnte. Königssträßchen und Märchenpfad begegnen uns.

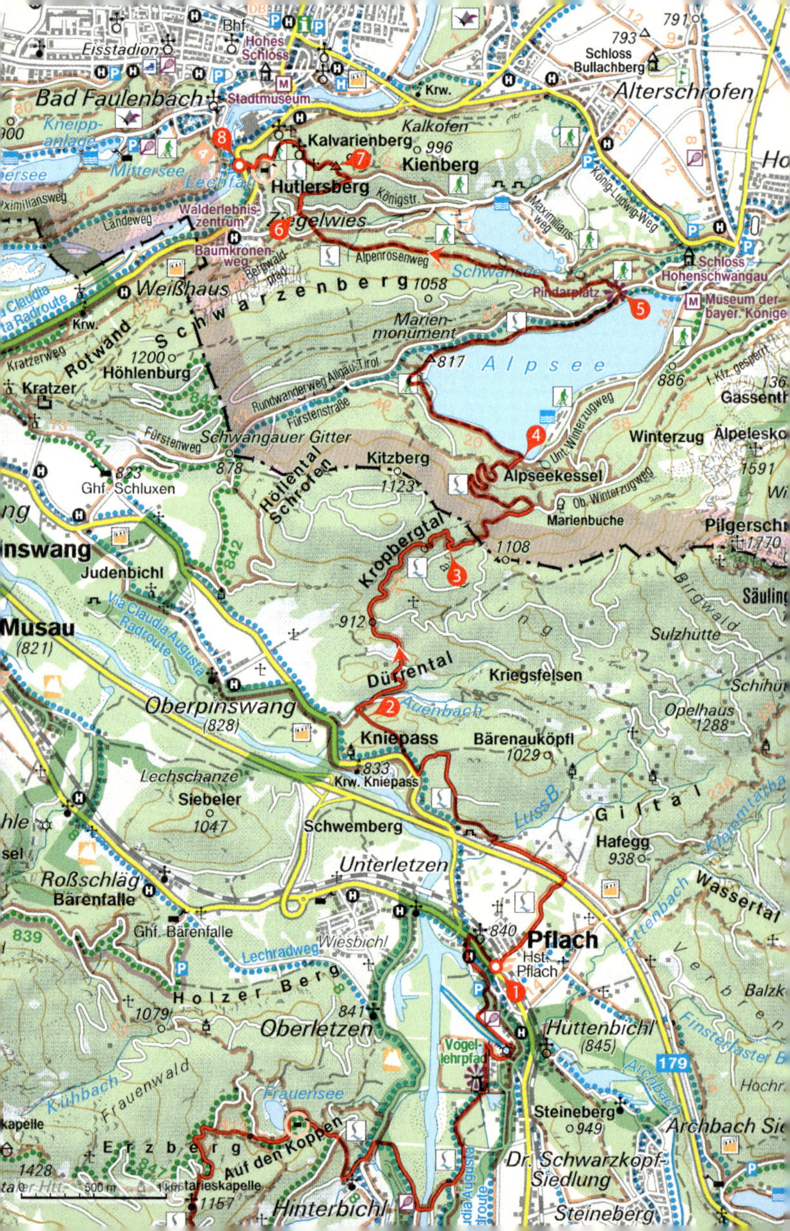

Bad Faulenbach
Alterschrofen
Kalvarienberg
Kienberg
Hutlersberg
Ziegelwies
Alpenrosenweg
Schwansee
Schloss Hohenschwangau
Museum der bayer. Könige
Pindarplatz
Weißhaus
Schwarzenberg
Marienmonument
Alpsee
Rotwand
Höhlenburg
Kratzer
Schwangauer Gitter
Kitzberg
Alpseekessel
Marienbuche
Höllental Schrofen
Kropbergtal
Dürrental
Kriegsfelsen
Musau
Oberpinswang
Judenbichl
Kniepass
Bärenauköpfl
Lechschanze
Siebeler
Schwemberg
Unterletzen
Roßschläg
Bärenfalle
Pflach
Hüttenbichl
Oberletzen
Holzer Berg
Frauensee
Auf den Koppen
Erzberg
Hinterbichl
Steineberg
Dr. Schwarzkopf-Siedlung
Wassertal
Giltal
Hafegg
Opelhaus
Sulzhütte
Winterzug
Gassenthal
Pilgerschrofen

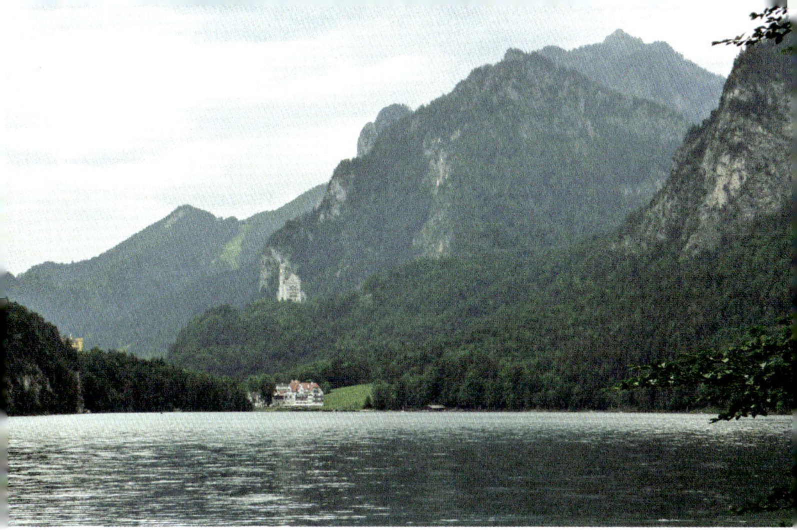

Am Alpsee.

Wir kreuzen die **Königsstraße (6)**, 856 m (WW bis Fall bzw. Kalvarienberg 15 Min.). Nur 100 m weiter biegt der Lechweg rechts in einen breiten Schotterweg ein, der sogleich einen großen Platz mit zwei Kletterfelsen berührt. Der Weg ist leicht ansteigend und der Sonne ausgesetzt. Nach etwa 500 m leitet uns links ein Pfad durch Felssturzgelände in gut 5 Minuten zum **Kalvarienberg (7)**, 953 m (Rastplatz, Aussicht), hinauf. Unter den Kreuzen genießen wir den Rundblick.
Über den Kreuzweg steigen wir bis zur Kapelle ab und geradeaus, dann letztlich auf befestigten Weg zur B 17 und zum **Lechfall (8)**, 800 m (Aussichtsplattform, Toilette, Gasthaus). Über den Maxsteg können wir in wenigen Minuten links des Lechs ins nahe Bad Faulenbach und in die Altstadt von Füssen gehen.

i *Bevor der Lech seine Wassermassen in das Voralpenland ergießt, stürzt er am* ***Lechfall*** *in einer kurzen, engen Klamm über eine Felsstufe 12 m in die Tiefe. Seit Ende des 18. Jh.s ist er im Grunde ein künstliches Stauwehr, dessen Ableitungsstollen der Nutzung der Wasserkraft dient. Der Maxsteg, benannt nach König Maximilian II., wurde 1895 über dem Wasserfall errichtet. In die Felswand ist eine Büste Maximilians eingelassen. Im Sommer 2015 wurde der* ***Maxsteg*** *hochwassersicher neu aufgebaut und am Ostufer eine Aussichtsplattform und eine WC-Anlage errichtet.*

Füssen

Füssen (808 m, ca. 14.900 Einwohner) besitzt spätestens seit dem Jahr 1286 Stadtrechte. Die Besiedlung beginnt jedoch viel früher. Es ist belegt, dass die Römer am Zugang der wichtigen Via Claudia Augusta in die Alpen im 3. Jh. n. Chr. ein Militärlager auf dem Schlossberg unterhalten. Nach dem Zusammenbruch des Römischen Reiches wird das Allgäu vom Kloster St. Gallen aus christianisiert. Der Wandermönch Magnus lebt im 8. Jh. in einer Zelle, wo Mitte des 9. Jh.s das Benediktinerkloster St. Mang gegründet wird. Seit dem Jahr 1313 gehört die Stadt zum Herrschaftsbereich der Augsburger Bischöfe, die hier ihre Sommerresidenz errichten.
Seine Blütezeit als Handelsstadt erlebt Füssen im 15. und 16. Jh. zur Zeit Kaiser Maximilians I. Dem Niedergang der deutschen Lande im Dreißigjährigen Krieg und den Pestepidemien in seinem Gefolge kann auch Füssen sich nicht entziehen. An der im 19. Jh. beginnenden Industrialisierung nimmt die Stadt mit der Gründung der Mechanischen Seilerwarenfabrik nur verhalten teil. Als bedeutender für die wirtschaftliche Entwicklung der Stadt sollten sich langfristig mit dem Aufkommen des Tourismus die Schlossbauten der bayerischen Könige Maximilian II. und insbesondere Ludwig II. erweisen. Heute profitiert die Stadt davon, dass die Schlösser Hohenschwangau und Neuschwanstein zum Pflichtprogramm des internationalen Tourismus zählen.

Altstadt mit Hohem Schloss.

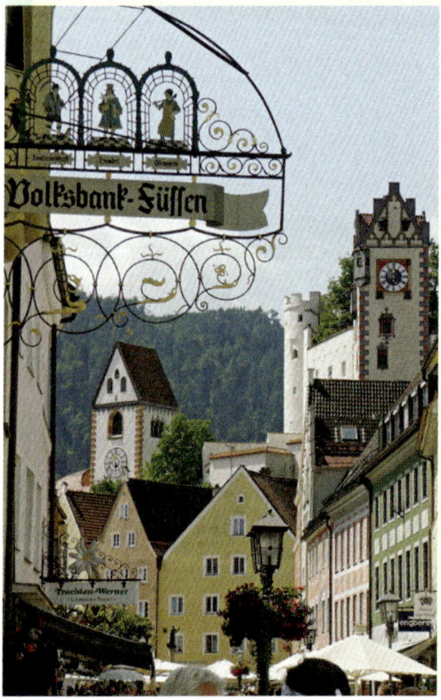

Dementsprechend gut besucht ist in der Tourismussaison die **Altstadt** von Füssen, die sich mit ihren Straßenrestaurants und -cafés entspannt durchstreifen lässt. Wer mehr will, begibt sich mit einem Flyer von Füssen Tourismus und Marketing auf den Stadtrundgang oder lässt sich von seinem Handy durch die Stadt führen. Oder man folgt den Gästeführern, die Führungen zu verschiedenen Themen und eine stimmungsvolle Abendführung anbieten. Die historischen Bauten und Museen bieten Wanderern eine vortreffliche und kurzweilige Schlechtwetteralternative.
Nicht versäumt werden sollten:
Das **Hohe Schloss**, die einstige Sommerresidenz der Augsburger Bischöfe. Das imposante, weithin sichtbare Burgschloss wurde in seiner bestehenden Form um 1500 errichtet und zählt zu den bedeutendsten Profanbauten der deutschen Spätgotik. Der Wehrgang

kann begangen werden; der Tor- oder Uhrturm bietet den schönsten Blick über die Stadt und das Alpenvorland. Der »Rittersaal« gibt einen Eindruck von der kulturellen Blüte zu Zeiten Kaiser Maximilians I. Die Staatsgalerie zeigt die regionale Kunst im 15. und 16. Jh.

Das ***Benediktinerkloster St. Mang*** *erhielt seine heutige barocke Gestalt zu Beginn des 18. Jh. Besonders sehenswert sind die ovale Klosterbibliothek und der als Kaisersaal bezeichnete Festsaal. Die Räume des ehemaligen Klosters werden heute als Rathaus und als Stadtmuseum genutzt. Das Museum widmet sich u. a. der Füssener Lauten- und Geigenmachertradition. Im Jahr 1562 wurde in Füssen die erste Lautenmacherzunft Europas gegründet.*

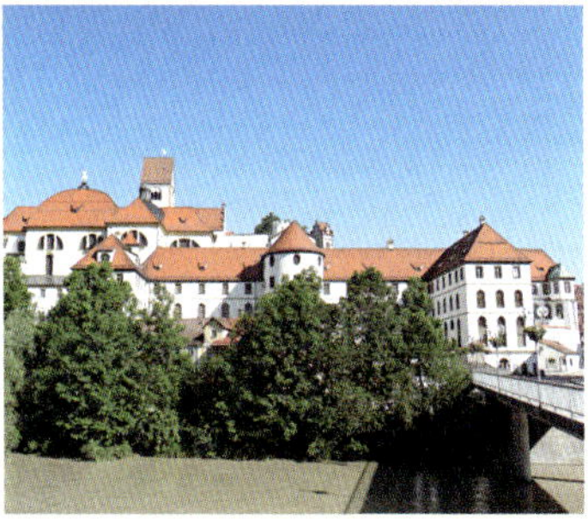

Kloster St. Mang.

Der ***Füssener Totentanz*** *in der Annakapelle stellt den ältesten erhaltenen Totentanz in Bayern dar und zählt zu den bedeutendsten seiner Art in Europa. (Nur im Rahmen einer Führung zugänglich.)*

Unterkunft *bieten eine Reihe von* ***Wanderhotels*** *mit besonderem Service für Wanderer (u. a. Shuttle-Service, Gepäcktransport). Bei der Wahl des Hotels sollte darauf geachtet werden, dass die* ***Füssen Card*** *im Übernachtungspreis inkludiert ist, denn diese bietet eine Vielzahl von Vergünstigungen, u. a. kostenfreie ÖPNV-Nutzung in Füssen und seinem Umland (u. a. bis Reutte und Weißenbach). Bad Faulenbach bietet ruhiges und doch recht zentrales Wohnen. In Füssen gibt es auch eine Jugendherberge (Mariahilferstr. 5, Tel. +49 8362 7754, fuessen.jugendherberge.de, fuessen@jugendherberge.de). Unterkunftsvermittlung: Füssen Tourismus und Marketing, Tel. +49 8362 9385-0.*

Tipps: *Schiffsrundfahrt auf dem Forggensee vom Bootshafen Füssen (Tel. +49 8362 921363, forggensee-schifffahrt.de). Besuch der Kristalltherme Schwangau (Am Ehberg 16, 87645 Schwangau, täglich 9–22 Uhr, Tel. +49 8362 819630). Auffahrt mit der Tegelbergbahn und eventuell Wanderung hinab ins Tal (Tel. +49 8362 98360, tegelbergbahn.de). Walderlebniszentrum Ziegelwies (Baumkronenweg geöffnet Mai–Okt. 10–17 Uhr, April und Nov. 10–16 Uhr; Auwald- und Bergwaldpfad sind jederzeit zugänglich, Tiroler Str. 10, Tel. +49 8341 90022150, walderlebniszentrum.eu).*

Veranstaltungen: *Kaisersaalkonzerte im Kloster St. Mang von Mai bis Sept. (kaisersaalkonzerte.fuessen.de). Füssener Stadtfest Mitte August.*

Information: *Füssen Tourismus und Marketing, Kaiser-Maximilian-Platz 1, D-87629 Füssen, Tel. +49 8362 9385-0, fuessen.de, tourismus@fuessen.de.*

LS 8 Königsschlösserrunde

4.45 Std.
14,4 km

Von Füssen zu den romantischen Schlössern der bayrischen Könige

Auf erlebnisreichen Wegen und Pfaden zu einem Highlight des internationalen Tourismus.

Ausgangspunkt: Füssen, Lechfall/Maxsteg, 800 m.
Endpunkt: Füssen, Altstadt, 800 m, oder Maxsteg (Ausgangspunkt).
Höhenunterschied: 520 m im Auf- und Abstieg.
Anforderungen: Ohne Pöllatschlucht einfache Wege und Pfade.
Einkehr: Am Lechfall, in Hohenschwangau und in der Altstadt von Füssen.

Wir starten unsere Wanderung am **Maxsteg (1)**, 800 m, und an der Aussichtsplattform (WC, Gaststätte mit Biergarten gegenüber) am **Lechfall**. An der Straße Richtung Österreich steigen wir nach ca, 100 m zum unterhalb der Straße verlaufenden Auwaldpfad hinab. Dieser ist nicht nur für Kinder höchst erlebnisreich, besonders wenn er barfuß begangen wird. An der Wasserrutsche steigen wir hinauf zum **Walderlebniszentrum (2)**, 805 m, oder gehen am Bach entlang durch den Tunnel unter der Straße hindurch. (Stattdessen können wir auch weiterlaufen und den **Baumwipfelpfad** – großer Parkplatz! – begehen, der bereits in Tirol liegt.)
An der Straßenbrücke über den erwähnten Bach, der die nicht mehr wahrnehmbare Grenze zwischen Deutschland und Österreich bildet, steigen wir auf dem »Bergwaldpfad« in den Wald hinauf bis zu einladenden, überdachten Rastplätzen. Hier gibt es Informationen zum Bergwald. Am Grenzstein mit der Beschriftung »Bayern (B)/Tirol (T) 1844« geht es rechts auf einem Kiesweg und – zur Abwechslung – auf einer kleinen Pfadschleife links daneben, kurzweilig weiter bergauf. Oben, an einem Rettungspunkt, finden wir verschiedene Klanginstrumente. Nun folgen wir links dem **»Alpenrosenweg«** nach Hohenschwangau. Wir passieren einen kleinen Aussichtsturm (Aussicht auf Füssener Schloss und Forggensee leicht zugewachsen) und eine aufwendige Holztreppe mit 92 Stufen (und ebenfalls fast zugewachsener Aussicht und deshalb leider nicht lohnend). Der Alpenrosenweg zieht sich durch einen schattigen Bergwald, ist bequem und eben und sogar für Kinderwagen geeignet. Für Kinder gibt es einige Erlebnisstatio-

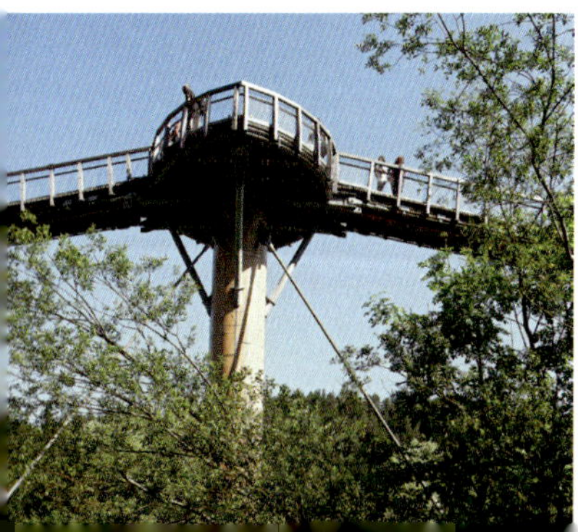

Baumwipfelpfad.

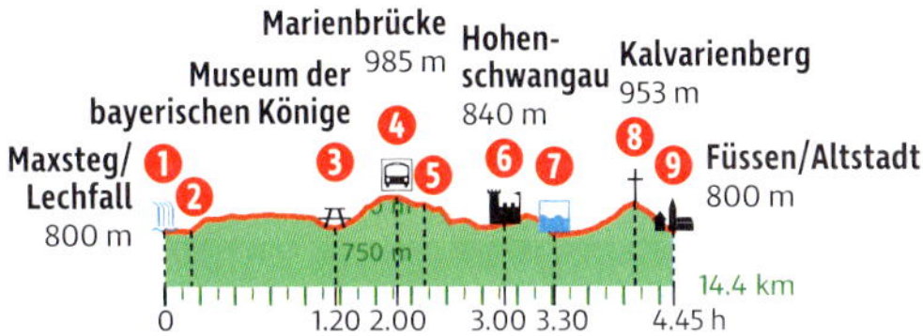

nen. Unterhalb unseres Weges verläuft dann der »Geisterpfad«, auf dem Kinderwagen zum Walderlebniszentrum zurückkehren können. Wir bleiben oben auf dem Alpenrosenweg, der im weiteren Verlauf nicht mehr kinderwagengeeignet ist. In der Tiefe blinkt die Wasseroberfläche des Schwansees durch die Bäume zu uns herauf. Auf dem Lechweg öffnen sich dann vereinzelte Blicke auf den Forggensee und ins Voralpenland.
An einer Wegkreuzung (WW »Ziegelwies 1 Std.«) sind es nur noch 5 Minuten zum Alpsee. Auf der Fürstenstraße und vorbei am Aussichtspunkt Alpsee gehen wir hinab an das Nordufer des Sees mit dem **Museum der bayerischen Könige (3)**, 820 m.

i *Das im Jahr 2011 eröffnete* ***Museum der bayerischen Könige*** *gibt Einblicke in die Geschichte der Wittelsbacher, insbesondere widmet es sich den Königen Maximilian II. und Ludwig II. Täglich geöffnet von 9 bis 17 Uhr. Eintrittskarten im Museum oder auch als Kombiticket im Ticket-Center, Tel. +43 8362 926464-0, hohenschwangau.de/museum-der-bayerischen-koenige.*

Wir folgen links der Alpseestraße (WC, Schlosshotel Lisl) Richtung **Ticket-Center** für die Königsschlösser. Der weitere Verlauf der Lechschleife, der 40-minütige Aufstieg zur Marienbrücke auf einem breiten Schotterweg ist bei starker Sonneneinstrahlung lediglich eine sportliche Herausforderung und bringt ästhetisch keinerlei Gewinn. Es wird deshalb empfohlen, den am Schlosshotel Lisl startenden **Bus nach Neuschwanstein** bis zur Endhaltestelle Marienbrücke zu nehmen und die gewonnene Zeit für reichlich vorhandene schönere Dinge zu nutzen. Wer dennoch zu Fuß aufsteigen möchte, folgt ab der Alpseestraße östlich des Schlosshotels Lisl dem Wanderweg hinauf. Er folgt zunächst der Straße in zwei Kehren, dann rechts dem Schotterweg bis zur **Busendhaltestelle Marienbrücke (4)**, 985 m, und dem Wegweiser in 5 Minuten zur berühmten Brücke.
Der Aufenthalt auf der Marienbrücke mit Hunderten anderen Menschen über der Tiefe der Pöllatschlucht und der Blick auf Schloss Neuschwanstein vor dem Forggensee und der Voralpenlandschaft ist eines der eindrücklichsten Erlebnisse, die unsere Erde zu bieten hat. Zurück zur Bushaltestelle, folgen wir der Wegweisung zum Schloss Neuschwanstein und kommen zum Einstieg in die **Pöllatschlucht (5)**, 945 m.

i Die Königsschlösser Hohenschwangau und Neuschwanstein

Wanderer haben bereits festgestellt, dass die beiden Schlösser in einer unvergleichlichen Bergkulisse stehen. Das war auch der Anlass, weshalb die beiden bayerischen Könige ihre Schlösser hier errichteten, König Maximilian II. das Schloss Hohenschwangau und Ludwig II. sein Schloss Neuschwanstein.

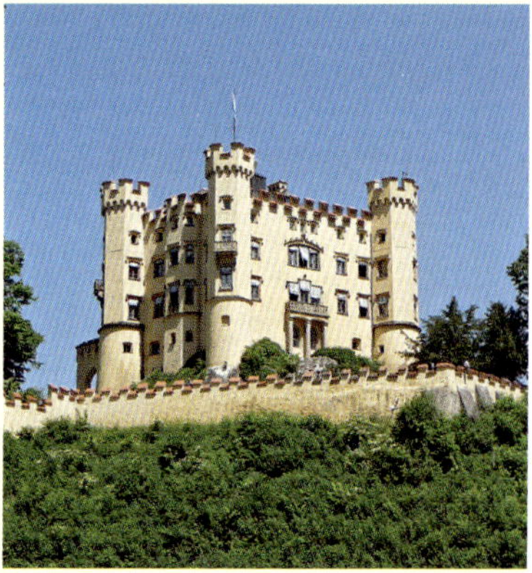

Kronprinz Maximilian, der spätere König Maximilian II., kauft 1832 die ursprünglich mittelalterliche, in bezaubernder Lage zwischen Alpsee und Schwansee liegende Burg Schwanstein und lässt sie im Geiste der Romantik im neugotischen Stil umbauen. Er nennt das Schloss **Hohenschwangau**. *Max wird 1848 König, das Schloss wird Sommersitz der Königsfamilie. Das Innere des Schlosses prägen neunzig Wandgemälde u. a. nach Entwürfen von Moritz von Schwind, die die mittelalterlichen Sagen thematisieren, so auch die Sage vom Schwanenritter Lohengrin. Dieses Schloss ist die Kinderstube des späteren Königs Ludwig II. und seines Bruders Otto. Dazu gehört auch die umgebende Berglandschaft mit den oberhalb liegenden Ruinen der mittelalterlichen Burgen Vorderhohenschwangau und Hinterhohenschwangau, auf denen Ludwig ab 1864 sein Neuschwanstein errichten sollte.*
Dem Besucher bietet sich Hohenschwangau noch heute mit einer kompletten Einrichtung aus der Biedermeierzeit dar.

Ludwig II. tritt 1864 seine Regentschaft an. Seine Umgebung dürfte ihn in seiner Kindheit sehr geprägt haben. So findet er in den Operndramen Richard Wagners, die die mittelalterliche Sagenwelt zum Inhalt haben, zweifellos eine Seelenverwandtschaft. Als Ludwig 1869 mit dem Bau von **Neuschwanstein** *als erstes seiner drei Schlösser beginnt, folgt er der idealisierten Vorstellung von einer mittelalterlichen Burg. Sie ist jedoch keine Kopie einer mittelalterlichen Burg, sondern eine Neuschöpfung des Historismus, indem alle bis dahin bekannten Baustile in eklektizistischer Weise miteinander verbunden werden.*
Im 19. Jh. ist es durchaus üblich, dass gekrönte Häupter im Zuge der Romantik mittelalterliche Burgruinen wieder aufbauen. So lässt Ludwig sich auf einer Reise von der soeben wieder errichteten Wartburg inspirieren. Deren Festsaal ist Vorbild für den Sängersaal von Neuschwanstein. Der sakral wirkende Thronsaal folgt der

byzantinischen Architektur und entspricht der Vorstellung Ludwigs vom Königtum von Gottes Gnaden.

Wegen ständig neuer Pläne Ludwigs und umfassender Umbauten einerseits und andauernder Geldknappheit andererseits – schließlich mussten die Schlösser Linderhof ab 1870 und Herrenchiemsee ab 1878 auch finanziert werden – schleppt sich der Baufortschritt dahin. Ludwig sieht Neuschwanstein nicht als Residenz zu repräsentativen Zwecken, sondern als seinen Wohnsitz und hat das Gebäude im Inneren dementsprechend konzipiert. Im Jahre 1884 kann Ludwig im Pallas erstmals wohnen. Das Schloss gleicht zu der Zeit einer Großbaustelle. Insgesamt soll sich der König nur 172 Tage dort aufgehalten haben.

Im Jahr 1886 lässt die Bayerische Regierung den König entmündigen und für regierungsunfähig erklären. Am 12. Juni wird Ludwig gezwungen, Neuschwanstein zu verlassen, am nächsten Tag findet er den Tod. Neuschwanstein bleibt (wie Herrenchiemsee) unvollendet. Der 90 m hohe Bergfried, die Schlosskapelle im Innenhof und der Burggarten werden nicht mehr ausgeführt. Von 200 geplanten Räumen werden nur 15 Zimmer und Säle ausgestattet, der Rest nur in einfacher Form fertiggestellt, um sie nutzen zu können.

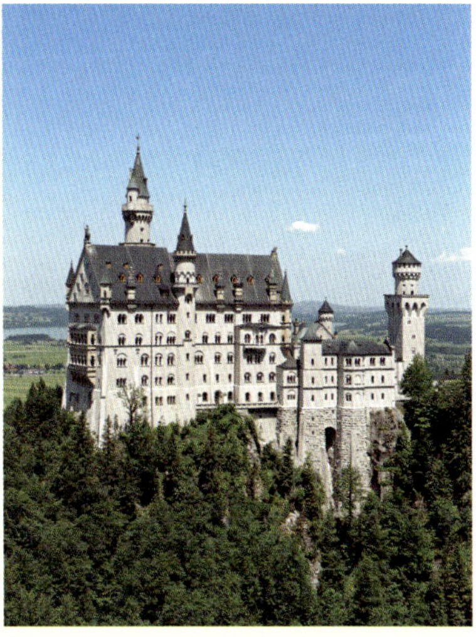

Bereits sechs Wochen nach dem Tode Ludwigs wird sein Schloss, das ausschließlich ihm als seiner Wohnung dienen sollte, der Öffentlichkeit zugänglich gemacht, um durch Eintrittsgelder die Schulden zu tilgen, was bis 1899 gelang. Heute besuchen jährlich mehr als eineinhalb Millionen Touristen aus aller Welt Neuschwanstein, in der Hochsaison täglich durchschnittlich 6000 Besucher. Ohne Voranmeldung müssen dann mehrere Stunden Wartezeit eingeplant werden. Die tägliche Besucherzahl ist limitiert, die Besichtigung nur im Rahmen einer 35-minütigen Führung möglich.

Eintrittskarten für beide Schlösser und das Museum erwirbt man online: hohenschwangau.de. Am Schalter des Ticket-Centers gibt es lediglich Restkarten für denselben Tag (Tel. +43 8362 93083-0. Geöffnet täglich, im Winter 8.30–15.00 Uhr, im Sommer 8–17.30 Uhr).

Bevor wir den Abstieg in die Schlucht wagen, ist es Pflicht, **Schloss Neuschwanstein** wenigstens von außen zu besichtigen. (Eine Besichtigung des Inneren während der Wanderung setzt voraus, dass im Ticket-Center eine Eintrittskarte erworben wurde und die Einlasszeit sich in den Zeitplan unserer Wanderung einfügt.)
Achtung, es kommt vor, dass die Pöllatschlucht, die nach fünfjähriger, schwieriger Sanierung im Mai 2019 für Wanderer wieder eröffnet wurde, wegen Steinschlags oder Zerstörungen durch Hochwasser gesperrt ist! Dann müssen wir vom Schloss zurück zum Ticket-Center gehen, können eine Kutsche mieten oder den Bus ab Haltestelle Marienbrücke nehmen.
Der Abstieg in die wildromantische **Pöllatschlucht** erfolgt über Steintreppen. Spektakulär ist der Wegabschnitt, wo ein luftiger Metallgitterweg an der Felswand entlangführt, auf der Schloss Neuschwanstein thront. Kleinere und größere Wasserkaskaden ergießen sich in die Schlucht. Direkt unter der Marienbrücke stürzt der Große Pöllatfall 30 m in die Tiefe. Fast senkrecht über uns erscheint Schloss Neuschwanstein. An der Gipsmühle, einem verfallenen Sägewerk, verlassen wir die Schlucht. Über den Pöllatweg und einen Waldpfad am südlichen Ortsrand von Hohenschwangau sowie die Alpseestraße erreichen wir wieder das Ticket-Center.
Am Ticket-Center steigen wir in Kehren zum **Schloss Hohenschwangau (6)**, 840 m, auf. (Eine Besichtigung setzt eine im Ticket-Center erworbene Eintrittskarte voraus.) Durch das Areal hindurch folgen wir der Richtung »Alpsee«. Nach 150 m auf dem Sträßchen biegen wir rechts auf einen Pfad ein. Kurz danach, an einer Verzweigung, folgt die Lechschleife dem rechten Weg

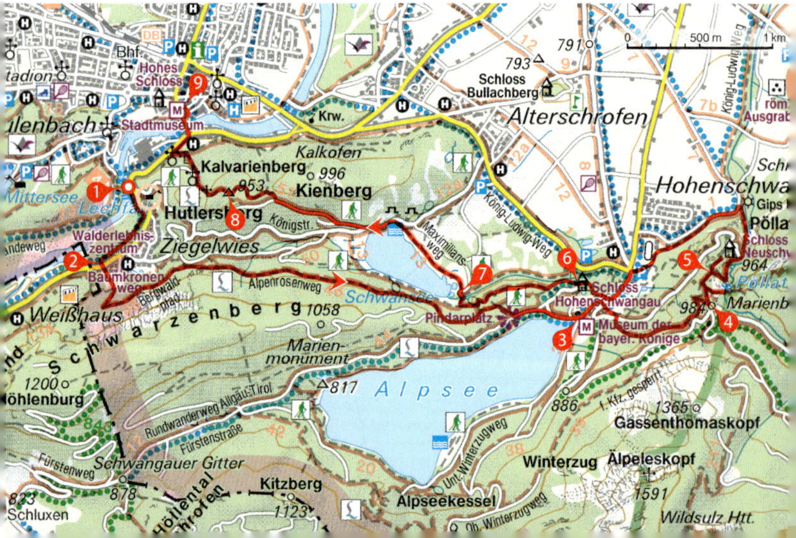

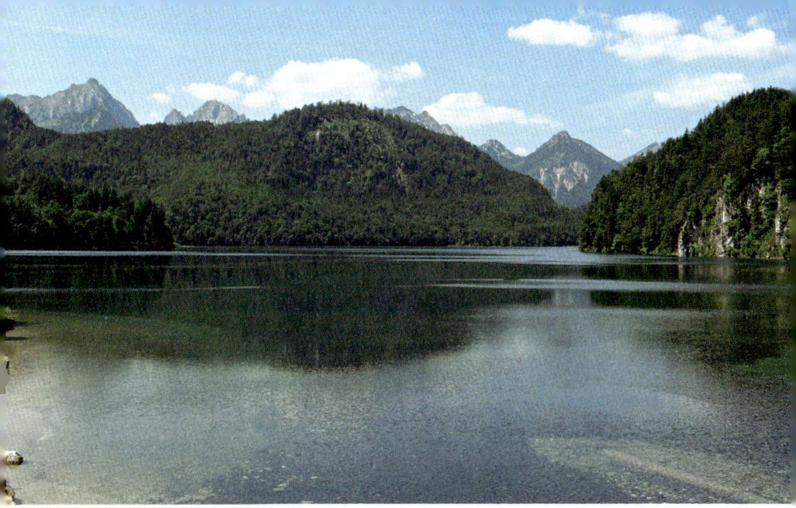

Alpsee.

geradeaus, bequem und mit Ausblicken ins Voralpenland mit dem Forggensee. (Alternativ folgt man dem linken Weg zum Berzenkopf, zur Ruine Frauenstein und zu einem Gedenkstein für Maximilian II. Dabei genießt man Tiefblicke auf den Alpsee.)
An der Kreuzung am Alpenrosenweg – bekannt vom Hinweg – steigen wir rechts auf dem Fischersteig in Kehren hinab Richtung **Schwansee (7)**, 782 m. Nachdem wir einen Bach auf einer Holzbrücke überquert haben, wenden wir uns sogleich links und wandern am verlandenden Ostufer auf dem Schwanseerundweg durch Wiesen. Wollgras, Orchideen und eine Vielzahl blühender Pflanzen sind charakteristisch für dieses Feuchtgebiet. Ein kreisrunder Tümpel ist bedeckt mit Seerosen. Im Sommer laden See und Wiesen zum Baden und Sonnenbaden ein.
Etwa 150 m nach dem geteerten Königsweg wählen wir rechts den Drei-Schlösser-Weg (WW »Kalvarienberg 40 Min.«). Auf einem Schotterweg steigen wir ca. 350 m nach einer Serpentine an einer Wegeinmündung rechts in einen Pfad ein (WW »Kalvarienberg 25 Min.«). Bei starker Sonneneinstrahlung ist der Weg hinauf schweißtreibend, bis wir die Kreuze über uns wahrnehmen und auf dem **Kalvarienberg (8)**, 953 m, rasten können (Rundblick).
Wir steigen auf dem Kreuzweg zur **Kapelle** ab und erreichen auf dem Drei-Schlösser-Weg in 15 Minuten die Tiroler Straße. Dort gehen wir rechts zur Lechbrücke und in die **Altstadt von Füssen (9),** 800 m.
Oder wir folgen ab der Kapelle dem Lechweg zurück zum **Maxsteg (1)** bzw. zum **Lechfall**.

LS 9 Von Füssen zum Alatsee und Weißensee

4.15 Std.
15,3 km

Von See zu See

Die Lechschleife in Gegenrichtung zu erwandern, gäbe ebenfalls Sinn: Die Einkehrmöglichkeiten am See liegen dann gegen Ende der Wanderung; auch ist bei Nässe der sehr reichlich mit glatten Baumwurzeln ausgestattete Weg zwischen Alatsee und Weißensee im Aufstieg leichter zu begehen.

Ausgangspunkt: Füssen, Lechfall/Maxsteg, 800 m.
Endpunkt: Lechfall/Maxsteg (Ausgangspunkt) oder Füssen, Altstadt, 800 m (gut 1 km kürzer).
Höhenunterschied: 300 m.
Anforderungen: Spazier- und Wirtschaftswege, überwiegend gute Pfade.
Einkehr: Am Lechfall, in Bad Faulenbach, am Mittersee und Alatsee, in Füssen.

Offizieller Startpunkt dieser Lechschleife ist der **Lechfall (1)**, 800 m (siehe Infobox bei Lechwegetappe L8). Über den Maxsteg gelangen wir – uns rechts haltend – über den Landeweg nach Bad Faulenbach, wo wir kurz in den Schwärzerweg hineingehen. Nach wenigen Metern beginnt am Parkplatz des Hotels Jakob links ein Bergpfad (ebenfalls Schwärzerweg) in den schattigen Mischwald hinauf. (Wer den Anstieg auslassen möchte, kann geradeaus über den Pfad der Sinne den Mittersee und damit wieder die Trasse der Lechschleife erreichen.) Der Bergpfad erfordert bei Nässe aufgrund rutschiger Felsen und Baumwurzeln sauberes Gehen! Nach gut 10 Minuten bietet sich 30 m rechts vom Weg von der Sprungschanze ein Blick ins Tal des Faulenbachs und bis zum Forggensee. Eine Minute später folgen wir dem WW Mitter-/Obersee geradeaus. Auf teilweise hohen Stufen geht es hinab zum **Mittersee (2)**, 820 m (30 Min. ab Lechfall, Einkehr, WC, Baden). Ein schattiger Teerweg leitet uns am Südufer des Mittersees entlang zu einem Naturbad und zu einer Waldwirtschaft. Auffallend sind die vielen Libellenarten. Ein ebenfalls schattiger Kiesweg am Südufer des **Obersees** schließt sich an. Auch hier kann im See gebadet werden. Seerosen bedecken einen Teil des Sees. In einer großen Verlandungszone bildet sich ein Moor. Bei Windstille beobachten wir feine Spiegelungen des Schilfs auf dem Wasser. Im Westen des Obersees folgen wir im Tal des Faulenbachs – dessen

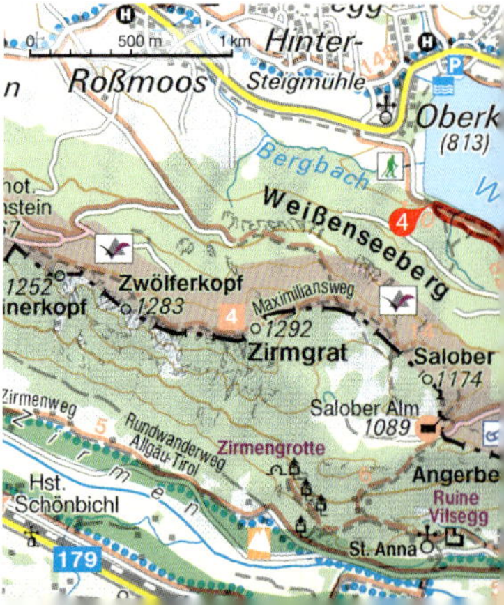

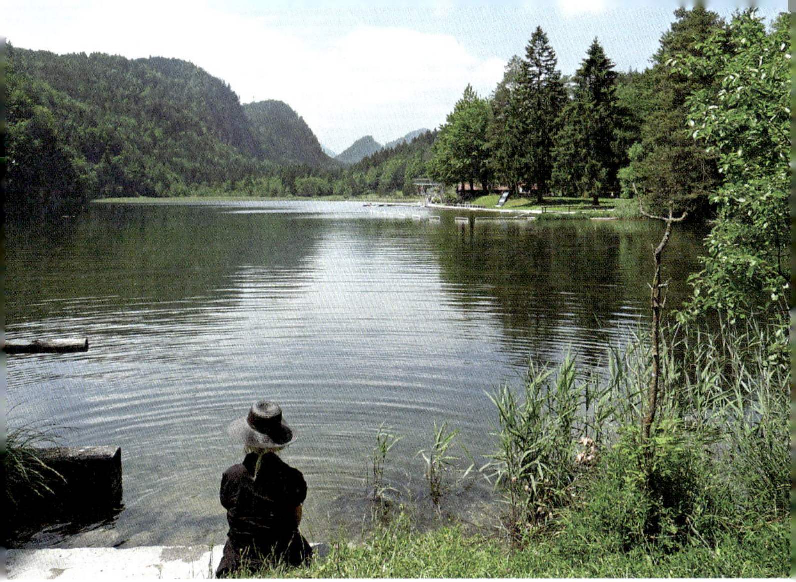

Am Obersee.

Name auf eine erhöhte Schwefelwasserstoffkonzentration zurückzuführen ist – links dem WW »Alatsee (Fußweg), 40 Minuten«. Kleine Wollgrasinseln finden sich im Moor, Gräser und Orchideen am Weg.
Über den Bergzug zu unserer Linken verläuft die Grenze zu Tirol. Nach 15 Minuten passieren wir den Abzweig zur Länderscharte. Nach weiteren

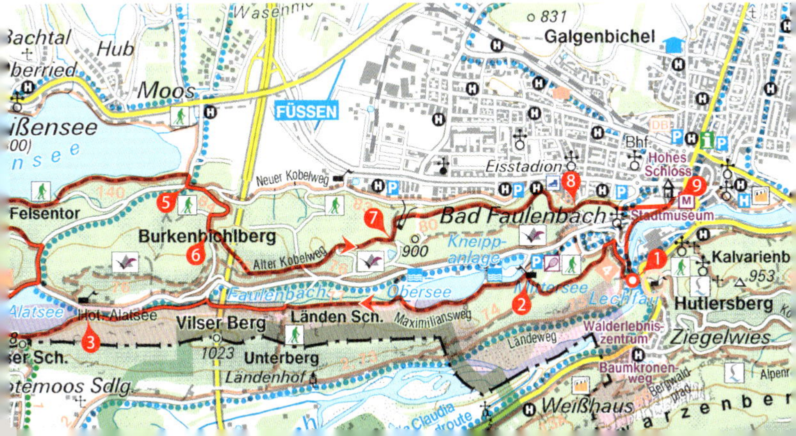

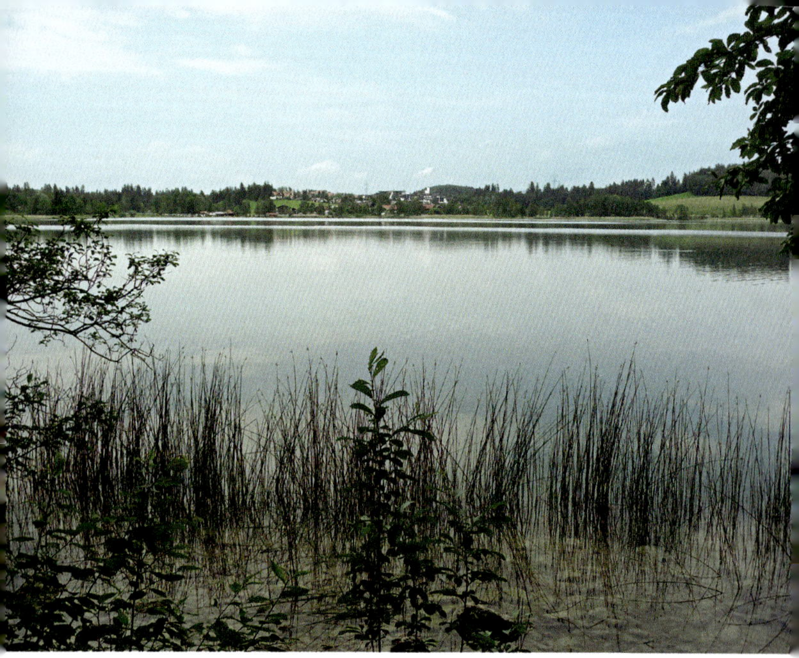

Am Weißensee.

5 bis 10 Minuten verläuft unter uns durch den Berg der Grenztunnel der Autobahn A7. Am nächsten Wegweiser (»Alatsee 15 Minuten«) halten wir uns links (sonst würden wir über das Sträßchen zum Alatsee gelangen).
Nach knapp 1 Std. erreichen wir den **Alatsee (3)**, 865 m, mit dem Hotel-Restaurant Alatsee, Rastplätzen und einer Kneippanlage, Parkplätze sind ca. 500 m entfernt. Entlang des Südufers beginnen wir, den Alatsee zu drei Vierteln zu umrunden. (Der See kann auf einem Vogellehrpfad in ca. 30 Minuten auch ganz umrundet werden.) Über einen Güterweg wird ein einstündiger Abstecher zur bewirtschafteten Salober Alm (Tirol, Mo Ruhetag) angeboten. Kurz danach überqueren wir den Parkplatz des Alatsees und folgen der Straße hinauf, um oben links in einen breiten Schotterweg einzubiegen. Diesen verlassen wir bereits nach 180 m zugunsten eines Pfades rechts hinab in einen schönen Wald. Über Stock und Stein (Vorsicht bei Nässe!) in 25 Minuten hinab zum **Weißensee (4)**, 787 m, dessen weiße Oberfläche sich früh durch den Wald hindurch ankündigt.
Bei Erreichen des Ufers folgen wir dem Uferweg nach rechts bis zum Ostende des Sees, immer hart am Wasser entlang, streckenweise auf einem

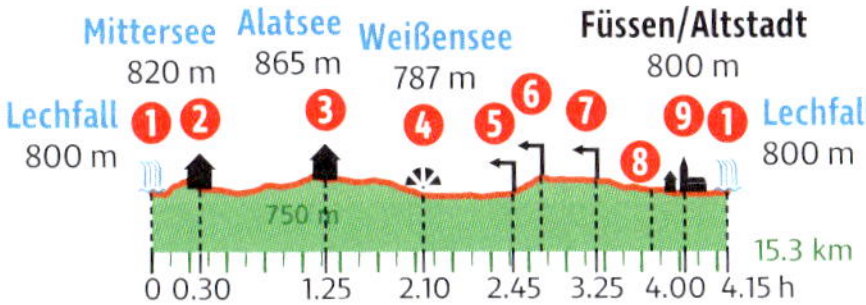

Pfad, ab einer Schutzhütte auf einem bequemen Waldweg. Wir stellen fest, dass der Weißensee aufgrund seiner Kalkablagerungen am Seeboden tatsächlich weiß erscheint. Nachdem wir ein **Felsentor** passiert haben, erreichen wir nach 15 Minuten an der Südostecke des Sees eine Straße, die wir rechts etwa 150 m hinaufgehen bis in eine Rechtskurve und zu einem **Umspannwerk (5)**, 795 m. Dort links Richtung Hahnenkopfweg/Kobelweg.
Ab einer Jagdhütte (Unterstellmöglichkeit) in einem Rechtsbogen aufwärts, zuletzt unter einer Hochspannungsleitung. An einer Kreuzung mit Bank und Wegweiser gehen wir links auf dem **Hahnenkopfweg (6)**, 880 m, Richtung Bad Faulenbach. Bereits nach gut 100 m an einer Verzweigung im Wald links aufwärts. Der Weg geht sehr allmählich in einen schmalen Pfad über, der zunächst durch den Hang über dem Faulenbachtal, später im Wesentlichen über den Bergrücken zieht.
Zwischendurch wird eine Scharte passiert. Es folgt ein Joch mit einem Querweg und ca. 150 m weiter ein weiterer breiter **Querweg (7)**, 860 m, mit Bank und Wegweiser. Diesen Kiesweg nutzen wir nach links und wechseln an einer Schutzhütte (Villa Hofer) vorbei nach 5 Minuten zum Unteren Kobelweg im Nordhang. Nach etwa 30 Minuten erreichen wir an einem kleinen Joch den kurzen **Abzweig nach Bad Faulenbach (8)**.

i *Bad Faulenbach*

Der Ort, Moorheilbad und Kneippkurort, bietet sich als Übernachtungsquartier an. Der verkehrsberuhigte Ortsteil von Füssen ist mit dem Auto ausschließlich durch die Felsenge der Morisse zu erreichen. Der Ort garantiert Ruhe in grüner Bach- und Berglandschaft und liegt dennoch nahe zum Lechfall und zur Füssener Altstadt.

Nach **Füssen** bleiben wir im Nordhang auf dem schmalen Pfad des unteren Kabelwegs. Wir überqueren die Schlucht, durch die die Zufahrtsstraße von Füssen nach Bad Faulenbach führt, auf einer Brücke. Wir durchstreifen die Parkanlagen des Baumgartens mit offener Schutzhütte, Sitzgruppe und Ruine und können unsere Tour am Kloster St. Mang vorbei in der **Altstadt von Füssen (9)** beenden. Offiziell führt die Lechschleife weiter über die Lechbrücke und die Tiroler Straße wieder zum Lechfall zurück. Auf diesen Abschnitt können wir getrost verzichten. Viel schöner ist es, am linken Ufer des Lechs zurück zum Maxsteg am **Lechfall (1)** zu gehen (Faulenbachgässchen, Mühlenweg, Ländeweg).

Stichwortverzeichnis

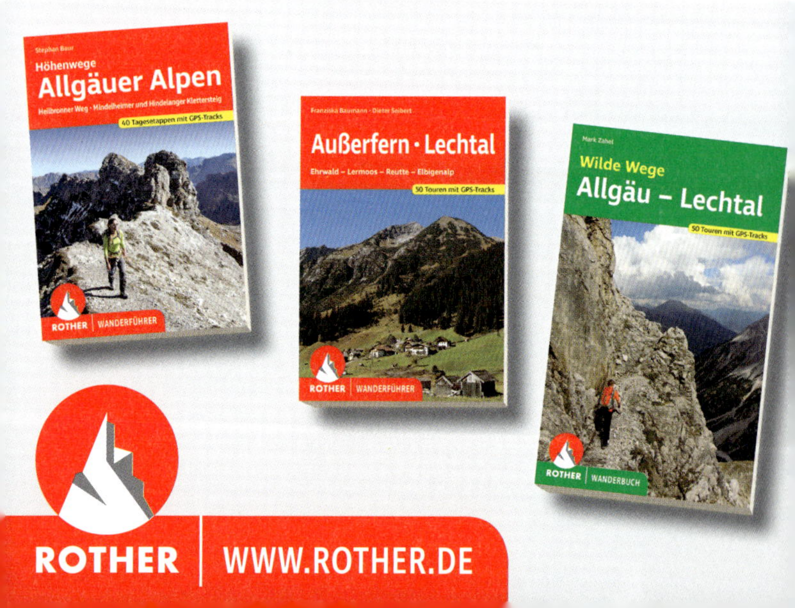

Dorfstube

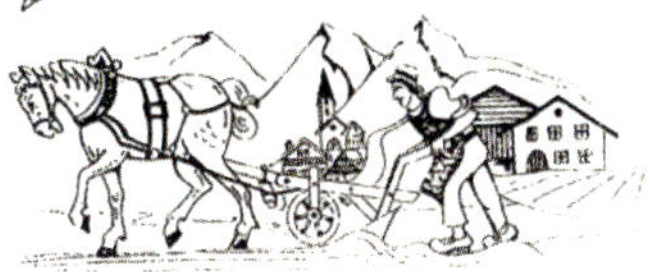

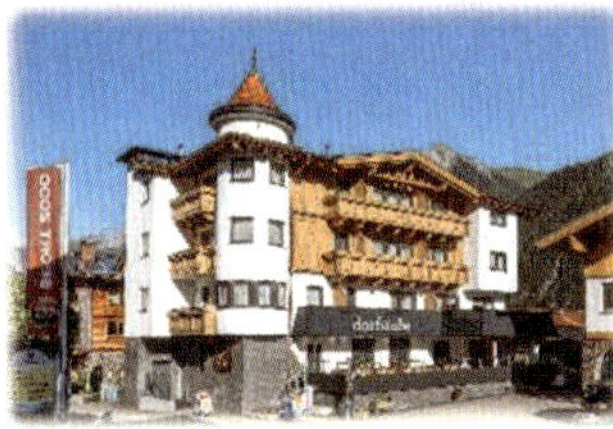

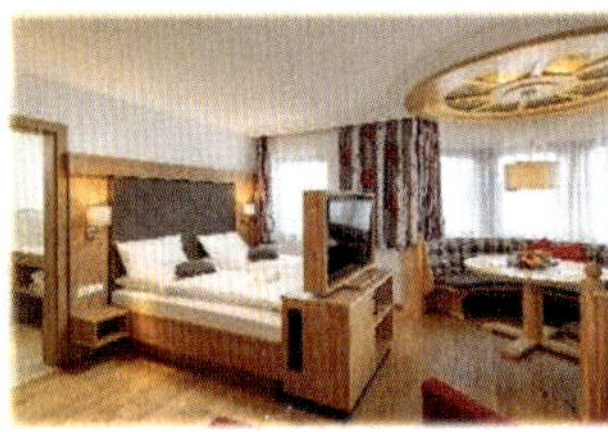

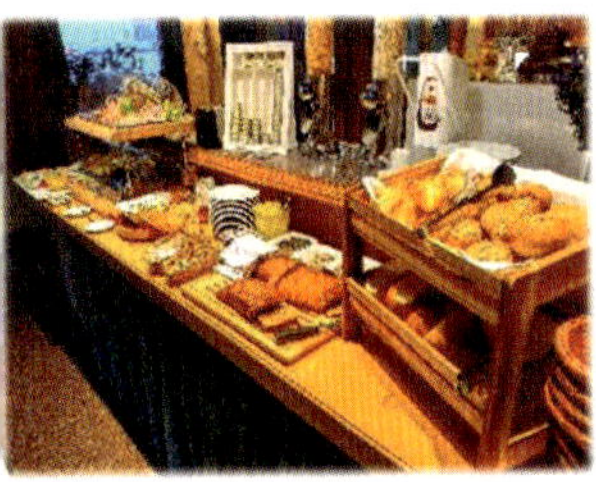

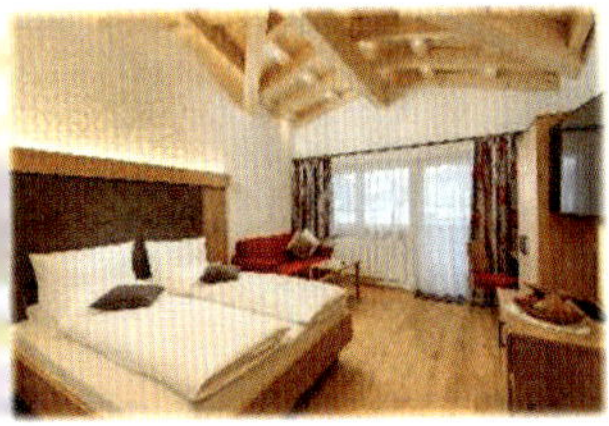

Umschlagbild:
Am Zusammenfluss von Formarinbach
und Spullerbach zum Lech (L 1).

Bild im Innentitel:
Schloss Hohenschwangau mit Alpsee (L 8, LS 8).

Alle Fotos stammen vom Autor.

Kartografie:
20 Wanderkärtchen im Maßstab 1:50.000
2 Übersichtskarten im Maßstab 1:450.000 und 1:800.000

Werk-Nr.: 4481

Die Ausarbeitung aller in diesem Führer beschriebenen Wanderungen erfolgte nach bestem Wissen und Gewissen des Autors. Die Benutzung dieses Führers geschieht auf eigenes Risiko. Soweit gesetzlich zulässig, wird eine Haftung für etwaige Unfälle und Schäden jeder Art aus keinem Rechtsgrund übernommen.

3., aktualisierte Auflage 2023

ISBN 978-3-7633-4720-9

FSC www.fsc.org MIX Papier aus verantwortungsvollen Quellen FSC® C021956

Wir freuen uns über jeden Korrekturhinweis zu diesem Wanderführer!
Bitte per E-Mail an: leserzuschrift@rother.de

ROTHER BERGVERLAG · München
D-82041 Oberhaching · Keltenring 17 · Tel. +49 89 608669-0 · rother.de